Música,
Cinema do Som

COLEÇÃO SIGNOS/MÚSICA

DIRIGIDA POR
livio tragtenberg
gilberto mendes
augusto de campos
lauro machado coelho

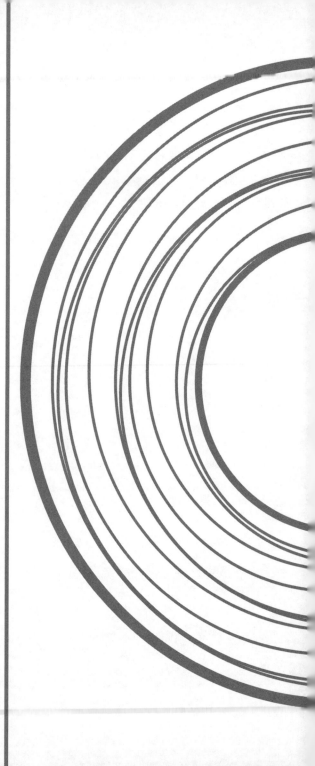

EDIÇÃO DE TEXTO:
luciana de almeida tavares

REVISÃO DE PROVAS
marcio honorio de godoy

PROJETO GRÁFICO
lúcio gomes machado

PRODUÇÃO
ricardo w. neves, sergio kon, luiz henrique soares
helen durando e raquel fernandes abranches

MÚSICA, CINEMA DO SOM

GILBERTO MENDES

CIP-Brasil. Catalogação na Publicação
Sindicato Nacional dos Editores de Livros, RJ

M492m
Mendes, Gilberto, 1922-
    Música, cinema do som / Gilberto Mendes. - 1. ed.
- São Paulo : Perspectiva, 2013.
    392 p. : il. ; 21 cm (Signos Música ; 15)

    ISBN 978-85-2730-975-2

    1. Música - História e crítica. I. Título. II. Série.

13-00338   CDD: 780.9
                CDU: 78.09
19/04/2013   19/04/2013

Direitos reservados em língua portuguesa à

EDITORA PERSPECTIVA S.A.

Av. Brig. Luís Antônio, 3025
01401-000 – São Paulo – SP – Brasil
Telefax: (011) 3885-8388

2013

Aos meus queridos amigos Rita e Livio Tragtenberg

Sumário

Prefácio – *Livio Tragtenberg* 13

PARTE UM

Acabou Esse Tipo de Compositor? 19

Quando Música é Cinema. Ou Vice-Versa 23

São Paulo: Outros Tempos, Outra Música 27

A Força da Beleza Musical Num Filme 31

Clássicos do Cinema Brasileiro 35

Um Homem, uma Mulher e a Bossa Nova 39

Homem Novo, Música Nova 43

Beethoven, o Proprietário de um Cérebro 47

As Outras Bossas de Noel Rosa 51

Em São Paulo, o "Iluminado" Penderecki 55

A Música de Vanguarda Segundo Eleazar de Carvalho: Descrição de uma Luta I.. 59

A Música de Vanguarda Segundo Eleazar de Carvalho: Descrição de Luta uma II 65

Entrevista Com o Compositor Iánnis Xenákis 71

O Verdadeiro *Lied* Norte-Americano 75

Viena, São Paulo, Anos de 1930 81

Sistema Tonal Escandaliza Vanguardas 85

Um Belo Termômetro da Produção Atual 89

Grécia Discute Pós-Modernismo Musical 93

Stockhausen e a *Neue Musik* Brasileira 97

Sergio Ortega é Destaque Entre Latino-Americanos 103

Melodia da Broadway 109

Os Caminhos da Nova Música 113

Recaída Nacionalista é Mal Periódico 115

George Antheil, o Jovem Mau da Música 119

A Iluminada Música de Kubrick 127

Ecos Distantes de Nosso Passado Musical 131

Bela, Funcional. É *Café*, a Nossa Ópera Que Fez Sua Estreia no Teatro Municipal...135

Um Musical Emocionante e Inusitado 139

Karajan e a *Quinta Sinfonia* de Beethoven 141

Igor Stravínski, um Inventor Puro 145

Música Para Santos.. 149

Falemos de um Outro Carnaval 153

Do Velho "Jazz" ao "Rock and Roll" I 157

Do Velho "Jazz" ao "Rock and Roll" II... 163

Padre Padrone, o Mais Que Perfeito Fundo Musical 167

A Propósito da Música de *Paixão e Sombras* 171

Annie Hall, o Fundo Musical Inteligente 175

Um Povo e Sua Música 177

Na Velha Chicago 181

Sinfonia de uma Cidade 185

Velhos e Memoráveis Repertórios 189

Um Toque de Classe na Música Brasileira 193

Chopin & Schumann, as Faces de um Mesmo Romantismo 197

Pianolatria Brasileira 201

Até Tu, Maria João? 205

Ao Mestre Willy, Com Carinho 209

Memória Afetivas. E Musicais 213

Bach, de Volta Para o Futuro 217

Os Gregos Eram Assim 221

Morte ou Transfiguração 225

PARTE DOIS:
TRÊS COMPOSIÇÕES 231

Sinfonia de Navios Andantes 233

Cavalo Azul 271

Uma Foz, uma Fala 333

Gilberto Mendes Por Ele Mesmo 387

Prefácio

Um anjo azul pousou na sorte de Gilberto Mendes. E que sorte! Irremediavelmente influenciado pela sétima arte, compõe cinema e assiste música.

Tarzan dá um salto livre e cai nos braços de Ginger Rogers. Saem rodopiando ao som de uma canção de Hollander orquestrada por Schoenberg.

Na esquina onde se cruzam imagem e som, o compositor Gilberto Mendes – *plus que octogenário,* como diria o saudoso Haroldo de Campos – encontra o seu espaço ideal de inspiração e reflexão.

Este livro reúne textos publicados em jornais diários de 1966 a 2011, como *A Tribuna* de Santos, *Folha de S.Paulo, O Estado de S.Paulo* e *Jornal da Tarde.* Nesse período de 45 anos, a Música Nova travou a sua batalha de vanguarda e tornou-se velha, mas Gilberto, como poucos, soube atravessar ondas, modas e sectarismos, mantendo sua paixão intacta pela música e pelo cinema. Sim, este livro conjuga as duas artes no mesmo verbo: inventar.

O próprio título encerra uma chave da equação criativa que guiou, e guia Gilberto nos caminhos da criação: música, o cinema do som.

Através de seus textos, escritos com a coloquialidade e simplicidade que a imprensa diária exige, podemos acompanhar questões, querelas, situações e personagens que marcaram a música brasileira nos últimos cinquenta anos. Esse é um ponto importantíssimo a ser destacado em tempos de mídia eletrônica, a imprensa como espaço público e dirigido a todos, não segmentado. A não segmentação é uma característica do jornal, escrito para o público em geral, não especializado, o que possibilita que conhecimentos atravessem guetos, fronteiras corporativas e sejam expostos à apreciação pública.

Retrospectivamente, importantes pensadores, artistas, cientistas, como colaboradores ocasionais puderam divulgar informações que ficariam restritas a pequenos círculos especializados do mundo universitário.

Dessa forma, figuras como Oswald de Andrade, Patricia Galvão, Mário de Andrade, Anatol Rosenfeld, Augusto e Haroldo de Campos, Boris Schnaiderman, Mário Schenberg, José Reis, entre muitos outros, souberam usar, segundo a sua necessidade e objetivos, a tribuna pública que é o jornal diário, seja para promover suas ideias ou divulgar novos conhecimentos e pontos de vista.

É nessa categoria que se inclui a contribuição de Gilberto Mendes que, ao mesmo tempo, atuou como protagonista e cronista da batalha da chamada Música Nova no Brasil, que o autor relata em seus artigos ora no papel de sujeito, ora no de observador.

Essa tribuna, que hoje parece pulverizada pelo tipo de comunicação segmentada que a internet propicia, foi vital para que aqueles que não participavam dos círculos fechados nas universidades pudessem ter acesso a novas ideias e informações.

O leitor poderá comprovar, com algum assombro, que certas (certíssimas!) reflexões e posições relatadas nestes textos por Gilberto, desde os anos de 1960, seriam antecipadoras de questões nodais na música de invenção do final do século xx e de hoje.

Numa entrevista com o compositor Iánnis Xenákis, publicada em setembro de 1966, por ocasião de passagem por São Paulo, onde participou de um intenso debate no qual foi agudamente questionado por Décio Pignatari e Augusto de Campos (conforme relato em outro artigo também publicado neste volume), Gilberto Mendes escreve:

O compositor greco-francês é o típico intelectual europeu fechado em si mesmo, em sua posição aristocrática, essencialmente formalista [...] Seu objetivo era outro: manter a "aura" da obra de arte. É o homem do velho mundo, em choque com as concepções do homem novo americano, voltado para uma arte feita do cotidiano, para o estudo de uma teoria dos signos, da informação.

E o cinema, que é a paisagem de fundo da criação musical de Gilberto Mendes, é tema recorrente nos textos aqui reunidos, e é reflexão sobre a música de cinema também, mas, principalmente, um acompanhamento apaixonado da arte cinematográfica.

Num dia, num telefonema, ao comentar com Gilberto que minha esposa, Rita, estava dirigindo um filme, ele saltou do outro da lado da linha: "será que não tem uma ponta pra mim?" Surpreso, com a alegria juvenil de Gilberto, contei a Rita, que de pronto criou uma personagem para ele no filme *New Gaza*, baseado em conto do querido Jacó Guinsburg, que se encontra no momento em fase de finalização.

Essa simplicidade e afetividade pude provar em 1986, quando o conheci pessoalmente. Eu fui a Santos para operar o som do espetáculo teatral *Hamlet*, para o qual havia composto a música. Estava hospedado no hotel Atlântico, com aquele jeitão antigo, decadente; e foi lá que Gilberto foi ao meu encontro. Conversamos de forma amigável e me impressionou muito seu temperamento alegre e suave e principalmente a sua disposição – um compositor consagrado – em conversar com um jovem iniciante como eu. Estávamos, naquela época, às voltas com a querela da música de engajamento político, para a qual Gilberto dedicava um largo sorriso irônico. Para mim, essa vocação para o encontro com o outro, para estabelecer um diálogo, foi uma lição importante. Na verdade, a essência do Festival Música Nova está nessa índole de Gilberto.

É um privilégio poder tomar contato com a história com quem a fez, sem intermediários, desde que com a lucidez e inspiração que, certamente, o leitor encontrará neste livro. Como suas criações musicais, os textos aqui reunidos são uma extensão de seu processo criativo, uma forma própria de pensar a música.

A coleção Signos-Música, ao publicar este livro, contempla um aspecto importante da obra de Gilberto Mendes, que é seu olhar crítico e reflexivo sobre temas e autores, situações e criações na militância da imprensa diária que, certamente, irá enriquecer o conhecimento sobre a criação musical dos últimos sessenta anos e seus reflexos nos dias de hoje.

*Livio Tragtenberg**

---

* É de-compositor. Compõe para cinema, teatro, dança, dança-teatro e cria instações sonoras. Autor dos livros *Artigos Musicais* (Perspectiva), *Musica de Cena* (Perspectiva) e *Contraponto* (Edusp).

Acabou Esse Tipo de Compositor?

Então, não vai ser mais possível um novo Beethoven, um Bach, um Brahms? Um novo Stravínski, um Villa-Lobos? Muito se fala, hoje em dia, sobre o fim da música erudita, nome sem dúvida meio pretensioso, esquisito, apesar de inventado pelo grande Mário de Andrade. Mas também se fala no fim da história, dos tempos, do romance, de tudo, enfim. É a moda.

Podemos sentir como pop uma canção *cult* de um Guilherme Machaut, de um Dufay, mestres medievais, como outras vezes podemos sentir como *cult* a canção pop de um *jongleur*, um *gaukler*, os menestréis da mesma época. De certo modo, é o que volta a acontecer no século XX, a partir do aparecimento da música popular urbana, inventada pelo escravo negro apenas nas Américas.

Diferente da música popular folclórica, que é praticada pelo campesino e passada de uma geração para outra em toda a sua pureza, a música popular urbana é impura, suja, efêmera, uma música de salão, das cidades. *Dance music.* É o foxtrote norte-americano, o tango argentino, o chorinho e o samba brasileiros, *la habanera*, a rumba e o bolero cubanos. Todas essas formas identificadas por uma mesma batida de percussão africana.

Esse desenho rítmico africano e seus desenvolvimentos inspiraram boa parte da moderna música erudita do século xx. O tango, o foxtrote e o timbre do *jazz band* marcaram o expressionismo musical alemão de Kurt Weill, Hanns Eisler, Paul Dessau, e mesmo certo expressionismo eslavo de Stravínski e Schostakóvitch.

Se tivemos no século xx admiráveis vanguardas musicais europeias, não menos importante, na mesma época, foi essa invenção musical afro-americana. Sobretudo o jazz, que Theodor Adorno, morrendo de inveja e preocupação, pichou o mais que pôde, para preservar a hegemonia da música alemã. A presença de uma *neue Musik* negra estava em evidência. Os alemães consideram a música uma arte alemã. Os preconceitos de sempre, bem europeus.

Há um forte teor de seriedade, alta cultura, no *João Ninguém*, de Noel Rosa, na interpretação de Aracy de Almeida, arranjo magistral do qual participa o maravilhoso pianista "Fats" Elpídio. Nada mais música de cabaré, mais Moulin Rouge do que "Le Papillon et la fleur", de Gabriel Fauré, e "Seligkeit", de Schubert.

O que é, portanto, música erudita? O que é música popular? A gente se perde ao tentar uma classificação. O mais intrigante, Bartók percebeu em suas pesquisas de campo: a música folclórica é a própria erudita transfigurada em popular. O que podemos perceber inversamente: a música popular eruditizada, muitas vezes pelas *big bands* de Duke Ellington, Stan Kenton, Woody Herman, depois pelos Beatles, David Byrne, Frank Zappa. Lembro-me bem de Zappa em Darmstadt, 1962, discutindo a *neue Musik* nos debates durante os famosos *ferienkurse*. Boulez regia sua música!

Mais intrigante ainda, e até paradoxal, é que a música erudita e a popular são duas artes totalmente diferentes uma da outra. Villa-Lobos não tem absolutamente nada a ver com Pixinguinha. A beleza é uma coisa terrível e misteriosa!

Como explicar aquele balanço, o amor e o mar, que sentimos em "Esse Cara", do velho Caetano Veloso?! Ou "Look at me Now", cantada pelo Frank Sinatra e os Pied Pipers, que música mais de praia, mocidade, alegria!! O *sprechgesang** do *Pierrot Lunaire,* de Schoen-berg, que nos faz até pensar em Tom Waits! O pai que interroga o destino em *Les Noces,* de Stravínski!

A impressionante plasticidade estrutural dos "Kontra-Puncte", de Stockhausen! O flutuar na profunda transparência dos "Reflets dans l'Eau", de Debussy, quase um Oscar Peterson, um Bill Evans! E a emoção de, num longínquo sábado à noite, dançar "Looking for Yesterday", de Jimmy Van Heusen – disco de Tommy Dorsey, 78 rotações – *cheek to cheek* com uma deliciosa jovem perfumada, no embalo de uma festinha íntima de seus dezoito anos!!!

---

* Literalmente, "falar cantando" ou "fala cantada". Termo musical usado em referência a uma técnica recitativa equivalente ao *parlando*, típica das óperas alemãs de Wagner (N. da E.).

Quando Música é Cinema. Ou Vice-Versa

O meu café da manhã é muito especial, porque minha mulher Eliane gosta de ler para mim. Ela já me leu livros inteiros. Mas diferentes assuntos podem se impor. Dias atrás relembrávamos algumas definições famosas, como aquela de Nicholas Ray, "cinema é a melodia do olhar", uma outra de Abel Gance, "cinema é a música da luz", e minha mulher saiu com esta, de sua autoria: "música é o cinema do som". Nada mais exato, para mim, que amo tanto a música como o cinema. Sinto uma identificação entre os dois processos narrativos. Vejo um filme como quem ouve uma música. Ouço uma música como quem vê um filme.

Em recente entrevista Pierre Boulez falou do extraordinário poder de narração que possui a música de Stravínski. Na verdade, um poder muito russo: ouçam a *Xerazade*, de Rímski, o *Romeu e Julieta*, de Tchaikóvski. Mas esqueçam, por favor, esse ridículo filme sobre Stravínski, que anda por aí, com cenas até de sexo estilizado entre ele e a Chanel. Um bom exemplo do mau uso da música no cinema, logo a de Stravínski, que já foi tão bem usada em *O Santo Beberrão*, com Rutger Hauer.

Uma noite dessas, vendo TV, confesso que até chorei, mas de felicidade extasiante, no final de *A Casa da Rússia,* quando Michelle Pfeiffer desembarca em Lisboa, descendo pela escada do navio em direção a Sean Connery, e a música de Jerry Goldsmith (um ex-aluno de Schoenberg) faz o fundo da cena. Lembro-me ainda de Fredrich March chegando da guerra (*Os Melhores Anos de Nossas Vidas*), o filho abre a porta, no fundo do corredor Thereza Wright e Myrna Loy ainda não perceberam a presença do pai e marido, e a extraordinária música de Hugo Friedhofer dá toda a emoção da cena. Verdade que o fotógrafo era Gregg Toland e o diretor, William Wyler!

E o que falar de Alfred Newman, minha paixão maior! *O Corcunda de Notre Dame, Como Era Verde o Meu Vale, O Morro dos Ventos Uivantes.* Além do prefixo musical da 20th Century FOX, ele compôs outras obras emblemáticas. *Quem Matou Vicky,* com o grande Laird Greggar, a música se tornou um ícone da NovaYork noturnal, perigosa. Tufão celebrizou *The Moon of Manakoora*, um outro ícone, agora dos mares do sul, cantado pela Dorothy Lamour. Um velho filme de espionagem dirigido por Fritz Lang sobre uma tentativa de matar Hitler, lançou romântico foxtrote, que veio a ser usado novamente, tantos anos depois, em *Every Time We Say Good Bye* (É Difícil Dizer Adeus), com Tom Hanks e Cristina Marsillach, em delicioso arranjo com *sordina cup* (surdina) no trompete, que o par amoroso dança, durante a guerra, num bar em Jerusalém. E tem aquela paradisíaca música para *Son of Fury* (Ódio no Coração), com Tyrone Power e Gene Tierney, que recentemente, e muito surpreendentemente, foi cantada pela deliciosa Keira Knightley num filme sobre a vida de Dylan Thomas, na cena inicial no metrô de Londres, durante a guerra.

E o que dizer de Grace Kelly perguntando para James Stewart como era possível alguém compor uma música tão linda como aquela que estavam escutando, através da *Janela Indiscreta*? A música era de Franz Waxman, outro discípulo de Schoenberg, que ainda foi professor de David Raksin, autor da antológica *Laura*.

Impressionante como a música de Vangelis nos envolve de maneira tão radiosa com Paris, em toda a sua plenitude, em *Lua de Fel,* de Polanski. E Henry Mancini com "Los Angeles", naquela elegância sensual tão californiana da música para piano que abre *Garota Nota 10*. E Nino Rota com "Roma", em *A Doce Vida*. Mas não vamos esquecer os compositores franceses, o George Van Parys, de "Un Jour, tu verras", do filme *Secrets d'alcôve*; o Maurice Thiriet, de *Os Visitantes da Noite*; e especialmente o Antoine Duhamel, de *Baisers volés*. Mas nada supera o Francis Lai, de *Um Homem e Uma Mulher*, o filme que o Brasil não soube fazer com a bossa nova.

Tem ainda a soturnal música de John Barry para *Corpos Ardentes*, o estranhíssimo *Badalaventi*, de David Lynch. O expressionista *Peer Raben,* de Fassbinder, que Wong Kar Wai foi buscar na Alemanha para a música de seu *2046*, como se não bastasse a extraordinária valsa que ele usou em *Amor à Flor da Pele*!

Resumi o que mais me impressionou e me influenciou na música de cinema. É toda uma outra História da Música, de certo modo à parte da música de concerto erudita, mas igualmente significativa e emocionante.

São Paulo: Outros Tempos, Outra Música

Há décadas famosas, pelo menos para nós mesmos. Já falei dos anos de 1950, sua importância na história da música paulistana. Mas a grande, inesquecível década de minha vida, foram os anos de 1930, principalmente os últimos, já entrando na guerra.

Eu estudava nas arcadas da Faculdade de Direito do Largo São Francisco. Colega de classe da Lygia Fagundes Telles, que nem pode se lembrar disso, porque eu era um ilustre desconhecido, e ela, tão jovem, já apontada pelos colegas como renomada contista da nova geração. E que felicidade, à noite, quando podíamos assistir a uma palestra do poeta Guilherme de Almeida, refinadíssimo dândi da alta sociedade paulista, autor de deliciosas críticas de cinema neste jornal. E por que ninguém ainda reuniu esses maravilhosos escritos num livro? Um dia, a pedido de meu cunhado Miroel Silveira, levei à casa do poeta qualquer coisa e quem me abriu a porta: ele próprio. Que emoção!

Outra curtição, esta muito intelectual, era ouvir o professor André Dreyfus, da recém-inaugurada Faculdade de Filosofia, Ciências e Letras (coisas dos inquietos Mesquitas), relacionar literatura, artes em geral e biologia, como fazia também Aldous Huxley em seus livros *Contraponto* e *Sem Olhos em Gaza,* recém-lançados. Uma novidade, tudo aquilo. A velha, sempre culta e charmosa São Paulo, comoção de minha vida, segundo o verso famoso de Mário de Andrade.

Outros tempos, outra música! O que ouvíamos, então, nas rádios, os poderosos meios de comunicação daquela época? Hoje em dia se ouve praticamente só uma segmentação da música rock, em todas as suas modalidades. Nos anos de 1930 era impressionante a variedade dos tipos de música que podiamos ouvir. A música popular urbana vienense, húngara, os foxtrotes e tangos alemães e russos, as canções napolitanas de Tito Schipa, mais, *of course,* a música norte-americana.

Minha muito querida amiga Heloisa Valente, notável pesquisadora de músicas populares já meio esquecidas, citou, em um seu recente trabalho, as orquestras de Dajos Bela e Marek Weber, orquestras austro-húngaras de música popular de salão. Ela achou tudo isso em livros muito doutos. Aí eu peguei o telefone e contei para ela que, nos anos 30, ouvíamos tudo isso nas rádios de São Paulo; eram orquestras muito populares. Heloisa é uma santista sofisticada. Quando passa muito tempo em Paris, durante suas pesquisas, e sente saudades de Santos, pega o trem à noite e desce para Nice.

Uma curtição recente minha é colocar, durante o almoço, música popular alemã dos anos 30 para musicistas alemães que vêm me entrevistar. Ficam espantadíssimos de ouvir na casa de um brasileiro as músicas que seus avós cantavam. Coloco em desfile os CDs que comprei na Alemanha com as vozes de Marika Roekk, Zarah Leander, Lilian Harvey, Martha Eggert, Jan Kiepura. Todos esses artistas você podia ouvir fartamente na rádio Record daquela década, que ainda apresentava, para contrabalançar tanta música europeia, às 4 horas da tarde, o saudosíssimo programa *Popeye,* na voz magnífica do *speaker* Renato Macedo. Aí era a vez de Benny Goodman, Tommy Dorsey, Glenn Miller, Duke Ellington, Guy Lombardo, Shep Fields e Artie Shaw.

Voltando à forte presença germano-austro-húngara entre nós, ainda me lembro do enorme sucesso popular em São Paulo do filme *Maskerade* (que tenho o privilégio de ter, presente do pianista alemão

Michael Uhde), com a suave e meiga Paula Wessely e o lendário Adolf Wohlbrück, sua elegantíssima figura, a charmosa maneira bem alemã de segurar o cigarro, o *sprechgesang* arranhando na garganta, autêntica voz de cabaré. Ele faria ainda na Alemanha *La Ronde,* de Max Ophüls, *Vitor e Vitória,* anos depois refeito em Hollywood por Blake Edwards, e o antológico *O Estudante de Praga,* na linha expressionista alemã ao lado de *Nosferatu, Caligari, Mabuse* etc.

Depois da guerra, já no cinema inglês, com o nome trocado para Anton Walbrook, participa do extraordinário *Sapatinhos Vermelhos,* com a bailarina Moira Shearer, na opinião de Martin Scorsese a mais completa realização artística já feita, reunindo todas as artes. Scorsese chegou a restaurar esse filme, tamanha é sua paixão por ele. Paixão também de Coppola, que ele confessa em *Trento.* Um filme que ainda inspirou o recente *Cisne Negro,* com Natalie Portman.

Tudo isso, acreditem, é tão a sempre culta e fascinante São Paulo dos anos de 1930! Na minha cabeça, pelo menos...

A Força da Beleza Musical Num Filme[1]

Exibi e comentei *Sapatinhos Vermelhos* no Tênis Clube de Santos, a convite de Roberto de Sá, refinado paisagista amigo meu. Na saída estava um friozinho úmido bem santista, e me senti subitamente transportado para a elegante e cosmopolita São Paulo dos anos de 1930, com sua garoa romântica, o toque de *intelligentsia*, meio revolucionário, que as boinas davam às cabeças pensantes de suas belas universitárias. Suspirei fundo, e recordei meus dezenove anos, junto à boemia estudantil de minha juventude. E que Paul Nizan e Sartre não me venham dizer que não é a mais bela idade de nossa vida!

Esquecera-me de comentar o quanto me impressionou a música de Brian Easdale composta para o filme. Aquele seu premonitório melodismo sobre o acorde de sétima maior iria inspirar a abertura de minha obra *Für Annette*, quanto tempo depois! Rodou anos e anos em minha cabeça. Por feliz coincidência, a indispensável revista *Concerto* anuncia o lançamento de um CD com a música de cinema de Brian Easdale.

---

1 *O Estado de S.Paulo*, 11 jun. 2011.

Ah, que impressionante toque de emoção, de classe, pode a música dar a um filme. Já conversamos sobre as músicas compostas pelos compositores dos estúdios, como Alfred Newman, Max Steiner. Mas tem aquela música clássica histórica que o diretor mesmo escolhe. Por exemplo, é assustadora a força da extraordinária beleza do trio feminino de "Così fan tutte", de Mozart, que Schlesinger coloca sobre o rosto maravilhoso de Glenda Jackson em *Domingo Maldito*. Como um filme pode ser tão bom?

São momentos em que entra claramente o gosto musical do diretor. Em alguns casos ele escolhe toda a trilha do filme. São mestres absolutos nesse *métier* Kubrick e Woody Allen. Kubrick tem nítida preferência pela *neue Musik*: Ligeti e Penderecki são suas paixões notórias, desde *2001* a *De Olhos Bem Fechados*. Coppola foi buscar na Polônia a sinistra música de Killar para seu poderoso *Drácula*. Schlöndorff também experimentou a música de vanguarda com Henze, via Proust. Enquanto Morricone abandona seu grupo instrumental italiano de vanguarda pela música só de cinema, e Philip Glass tenta fazer o mesmo. Doido para ganhar um Oscar. Woody Allen é mais eclético, vai de Gershwin, Rodgers, Berlin a Mozart, e até ao *Concerto em Ré* de Stravínski e um Quarteto de Bartók (é muita sofisticação!), como ouvimos em *Melinda Melinda*. Não vamos nos esquecer de que toda a trilha de seu *Boris Grushenko* é de Prokófiev. E a incrível diretora, atriz, roteirista (de Alan Resnais, já pensaram?) e cantora pop Agnès Jaoui, que andou ultimamente por aqui entre nós, escolheu refinadíssima trilha sonora para seu delicioso filme *O Gosto dos Outros*, que inclui um Schubert só para eleitos (os cineastas franceses adoram Schubert) e uma estranha (quase) bossa nova que muito me intrigou. Quem compôs? Quando o cinema brasileiro vai saber fazer a mesma coisa?

Finalmente o caso das parcerias famosas entre diretores e compositores eruditos, não de cinema. Lawrence Olivier e o compositor inglês William Walton em *Hamlet* e *Henrique V*. Eisenstein e Prokófiev em *Alexander Nevsky* e *Ivan, o Terrível*. Sam Wood e Korngold (um discípulo de Mahler) no filme *Em Cada Coração um Pecado*. John Houston e George Auric (do grupo francês Les Six, liderado por Cocteau) no velho *Moulin Rouge.* Fritz Lang e Hanns Eisler em *Os Carrascos Também Morrem,* Pabst e Kurt Weill em *A Ópera dos Três Vinténs.* E o brasileiro Alberto Cavalcanti na adaptação cinematográfica alemã da ópera *Puntilla,* de Paul Dessau, é todo o fino de Brecht no cinema! Eisler fez ainda, em 1934, a música de *Le Grand Jeu,* um clássico de Jacques Feyder, com sua mulher Françoise Rosay, belo e enigmático filme pouco citado.

Vou passar agora pelo Bar Heinz, aqui no Boqueirão, onde já deve estar outro caro amigo, o escritor Flávio Amoreira, tomando aquele chope muito especial da casa. Ele ficará excitado com o que vou contar sobre o que acabo de escrever. Depois vai fazer sua muito particular arqueologia digital e me telefonar, sem dizer quem é. Coloca no telefone, só para me provocar, a voz de Adolf Wohlbrück, Paula Wessely, Zarah Leander ou Marika Roekk, que puxa do computador. Flávio sente, como se tivesse vivido, uma época em que nem tinha nascido. Impressionante! No meu caso, desde os meus treze anos vivi tudo isso aí que vou contando. Está dentro de mim, não preciso de arquivos. Lembro-me de que, quando criança, eu tinha medo do *Mabuse,* de Fritz Lang. Um velho misterioso que andava pela praia parecia muito com ele.

Clássicos do Cinema Brasileiro[1]

Novamente aquele momento maravilhoso de "Così fan tutte", de Mozart, que Schlesinger usou em *Domingo Maldito*, agora em *Questão de Imagem*, de Agnès Jaoui, que revi pela TV Cultura. Além dela ainda ter colocado um Monteverdi e, naturalmente, Schubert, paixão dos diretores franceses. Não que ela seja uma fanática só da música erudita. Agnès é também magnífica cantora pop. Quando o cineasta brasileiro vai ter essa *finesse*, essa abertura estética, libertar-se de sua fixação só pela MPB?

Pensava em tudo isso aí enquanto caminhava com os pés na água gelada do mar, neste mês de julho santista. Também porque passava em frente ao nosso Cinearte, que tem o charme de ser talvez o único cinema do mundo na praia, direto sobre a areia. Seu diretor e programador, meu amigo Nívio Mota, poderia estar chateado comigo porque ainda não falei da música no cinema brasileiro. Ele é um grande defensor de nosso cinema, além de muito bom alaudista, um *expert* na música renascentista. Essas combinações raras existem, podem crer!

1 *O Estado de S.Paulo*, 23 jul. 2011.

Naquele momento, reconheci uma falta minha. Precisava urgentemente falar de Lina Chamie e seu maravilhoso *Via Láctea*. Um filme que mais parecia europeu, sem as eternas favelas, problemas sociais, enfim, um filme urbano, que São Paulo merecia. Finalmente o planeta Sampa, dentro de sua via láctea, seu trânsito cósmico. E com a extraordinária música de César Franck. É muito charme de Lina pensar nesse refinadíssimo compositor para um filme brasileiro. São poucos outros exemplos que podemos dar de tal requinte, tal sensibilidade no uso da imagem e do som, visando sua identificação espiritual. Podem me dizer que se trata de música belga, não brasileira. Mas estamos tratando da música em geral, no cinema brasileiro. Sejamos cidadãos do mundo; música é uma linguagem universal. A francesa Agnès Jaoui usou música de dois austríacos em seu filme: Mozart e Schubert. E nessa linha internacionalista temos o caso interessante de Walter Moreira Salles, que foi buscar na Alemanha o compositor Junger Knieper, que escrevera a impressionante música de *Asas do Desejo*, de Wim Wenders, para compor o fundo musical de *A Grande Arte*.

Uma lembrança puxa outra e podemos parar nos anos de 1950, nos estúdios da Vera Cruz, quando souberam dar um certo relevo à música erudita brasileira. Caso raro, contrataram nosso magnífico Camargo Guarnieri para fazer a música de *Rebelião em Vila Rica*. E também um compositor da nova geração, Cláudio Santoro, que me impressionou muito. Gostava de seu novo brasileirismo musical, sua orquestração com destaque para o oboé, lembrando um pouco Hindemith. Quando nosso Clube de Cinema trouxe a Santos *O Saci*, de Rodolfo Nanni, veio junto o ator Otávio Araújo, que me deu o endereço de Santoro, autor da música do filme. Algo que iria mudar minha vida, pois Santoro me aceitou muito fraternalmente como aluno particular.

Guerra Peixe, outro importante compositor da geração do Santoro (antigos alunos do histórico professor Koellreutter, o grupo música viva), compôs a música de *O Canto do Mar*, que vimos também em nosso Clube de Cinema, na presença de seu diretor, o lendário Alberto Cavalcanti, que debateu o filme com a gente na maior simplicidade. Momentos muito altos, admiráveis, de nossa música erudita no cinema. O seguinte talvez seja Walter Hugo Khouri com seu cinema também urbano, como o da Lina Chamie, mas um urbano de outros tempos, com a música do grande Rogério Duprat. Estou me lembrando especialmente de *Noite Vazia*, seu clima meio Antonioni, mas no fundo era tudo tão a nossa cosmopolita São Paulo! E que elenco: Odete Lara, Norma Bengel! O atonalismo da música de Rogério dava toda a estranheza e melancolia da grande cidade! Uma alegria para nós santistas foi a música de Almeida Prado para o filme *Doramundo*, de João Batista de Andrade, baseado no livro de Geraldo Ferraz. O compositor era santista, e o escritor quase, pois passou os últimos anos de sua vida entre nós com sua querida, a mitológica Pagu. Podem ver, são poucas as participações realmente relevantes de nossa música erudita no cinema brasileiro. Talvez a maior tenha sido idealizada pelo grande Glauber Rocha, em *Deus e o Diabo na Terra do Sol*. Ele usou magistralmente, em momentos impressionantemente adequados, antológicos, a música de Villa-Lobos, e a de um jovem, na época, Marlos Nobre, sua obra-prima "Ukrimakrinkrin". Algo difícil de ser repetido porque os cineastas de hoje, em sua maioria, nem sabem que existe uma música erudita brasileira, sobretudo a de nosso tempo.

Um Homem, uma Mulher e a Bossa Nova[1]

Foi preciso um francês, Claude Lelouch, para imortalizar no cinema uma coisa que é nossa: a atitude desprendida, "nobre e sentimental", a simplicidade no viver a grandeza da vida cotidiana, a fidelidade ao maior amor "que não seja imortal posto que é chama, mas que seja infinito enquanto dure". O sentimento drumondiano do mundo, o homem e a vida em primeiro lugar são coisas nossas, diria Noel Rosa, "e outras Bossas".

Um homem e uma mulher, através de Lelouch, trazem para a tela todo o intimismo, a naturalidade e a nostalgia do momento mais doce e generoso de nossa música popular. Um filme que captou o espírito das coisas nossas, sobretudo do carioca, de Noel, da garota de Ipanema. O mar está sempre presente – não sabemos se é no Rio ou em Monte Carlo, as cidades se identificam, pairam no ar gritos das gaivotas sobrepostos à imagem da criança rindo no carro em derrapagens na areia, mau agouro intensificado pelo ruído dos motores em outras cenas. Mas há o sentimento seguro da eternidade

1 *A Tribuna*, 2 jul. 1967.

no amor, as palavras de devoção à amizade no comovente samba de Vinicius-Baden Saravá. Um filme Bossa Nova.

O filme que o cinema novo não quis, não soube fazer. Por que essa má vontade com a bossa nova? Por que não é brasileira? Mas o que seria, então, a coisa brasileira?

A confusão está em que não foi ainda compreendido entre nós que a bossa nova é simplesmente a expressão de uma mocidade que se deixou tocar por uma dessas soluções artísticas universais que de tempos em tempos tornam o homem um só em todos os cantos do mundo. Uma sede de comunhão em torno da prática e repetição dos mesmos procedimentos composicionais. Assim tivemos a Renascença, o Barroco, *ars antiqua*, *ars nova* e por aí afora. Vivemos ora de acordo, ora em desacordo. Tanto faz. O que importa é ter caráter, dentro de qualquer intenção. E a bossa nova o teve como poucos, assimilando o novo sentimento do mundo e impondo em devolução a sua influência.

Bem analisadas, mesmo aquelas expressões tidas como nacionais são de origem universal. Nossa famosa música nordestina repousa nos modos mais antigos e universais do canto gregoriano, disseminados pelos padres no seu trabalho de educação religiosa no interior dos estados brasileiros. Somente ninguém os reconhece mais, porque adquiriram novo significado em muitos anos de novo uso. O significado é o uso, o uso é a comunicação (Décio Pignatari). Novo uso, novo significado. Por que não estender a validez desses conceitos ao fenômeno bossa nova?

De acordo com a teoria dos afetos e mesmo com certos levantamentos estatísticos realizados por modernos sociólogos e pesquisadores da comunicação de massa, podemos chegar a algumas definições dentro do mercado comum dos significados. O "lá menor", por exemplo, foi e será sempre um modo triste, em qualquer parte da Terra. Pelo mesmo prisma, verificaremos que música popular contemporânea vive já há uns vinte anos sob o domínio das harmonias de 7ª e 9ª maiores e já tem sua cadência típica, (assim como o Barroco e a Renascença tiveram a sua) também dissonante, numa diluição atonal "perdendosi". Esses acordes dissonantes e essa cadência se codificaram nos signos mais atuantes e representativos da atual música popular ocidental.

Parece que o ponto de partida foi o célebre foxtrote "Laura", do filme do mesmo nome, com seu acorde gerador em 9ª, logo no início, resolvendo um tom abaixo na mesma 9ª. Abriu-se aí um capítulo novo na história da música popular chamada comercial, de consumo. Lentamente todas as outras músicas populares foram adotando esse uso, que refletia muito bem o novo sentimento do mundo, doloroso e nobre, como a valsa de Ravel, também "nobre e sentimental", por causa do uso das mesmas 7ª e 9ª. E vamos descobrindo, aos poucos, uma ramificação "afetiva" entre procedimentos eruditos e sua projeção no terreno popular, cuja raiz está na França do século passado, com Baudelaire, Verlaine, Mallarmé, na poesia; e na atmosfera de encantamento, os reflexos n'água, os velhos parques sob as chuvas – que envolvem a música de Debussy, Chausson, Duparc, e sobretudo deste mestre dessa escola francesa: Gabriel Fauré. Eu quase que diria que Fauré é o pai da moderna Música popular mundial. E que Francis Lai, com suas músicas para *Um Homem, uma Mulher*, um seu discípulo direto. Nada mais francês do que "Plus fort que nous", "A L'ombre de nous". E ao mesmo tempo nada mais bossa nova, no espírito, na fabulosa interpretação de Nicole Croisille e Pierre Barouh. Este, então, realiza o prodígio de se identificar totalmente com João Gilberto, em "Samba Saravah". O passado e o presente num só tempo. E a impressionante orquestração de "Aujourd'hui c'est toi", *à la* Henry Mancini (outro "influenciado" pelo nosso samba, especialmente do tempo de Carmem Miranda), e o arranjo instrumental do mesmo "Plus fort que nous", com nostálgico solo de trombone à maneira do velho Tommy Dorsey. "Conter numa estrela toda uma constelação", relembro as palavras de Robert Browning; e fico pensando no jazz da década de 1920, feito em ambientes esfumaçados, proibidos (era a época dos gângsters e da lei seca), nos velhos e melancólicos "foxes", em "My Old Flame". Penso em Marlene Dietrich. Anos mais tarde, no "amor de gente jovem", cantado pela inesquecível Silvinha Telles. E mais recentemente, em Luigi Tenco – "quasi sera" – Catherine Spaak, e outra vez em Fauré. Porque é preciso esse mesmo sentimento do mundo para cantar "Tristesse". A mesma meia voz, melhor se for um pouco rouca, o mesmo espírito camerístico, o mesmo "rubato". Todo esse complexo sonoro consubstanciado nos signos musicais do mercado comum da bossa nova mundial.

E a mesma presença do mar e sua misteriosa relação com as harmonias dissonantes, decodificadas em "cais noturnos, docas mansas", "é doce morrer..." As mesmas 7^a e 9^a em constelação n' "O Mar", de Debussy, o compositor quase marinheiro. Foi da mobilidade do mar que se formou a mais plástica de todas as batidas rítmicas: do violão de João Gilberto.

Não pretendemos que a bossa nova seja a verdadeira música popular brasileira do momento. Queremos somente mostrar que ela é a tradução nacional de um sentimento universal profundamente autêntico, que vem de muito longe. Deve ser garantido à bossa nova, portanto, o seu lugar junto às demais tendências dominantes – Geraldo Vandré, Chico Buarque, Gilberto Gil e outras – exatamente como a manifestação desse sentimento universal dentro de nossa música popular.

Homem Novo, Música Nova[1]

Este XV Festival Música Nova foi marcado pela autocrítica do compositor Willy Corrêa de Oliveira, na qual, com sinceridade corajosa e radicalismo apaixonado que o caracteriza, fez a revisão do Manifesto Música Nova, por ele também assinado em 1963, data em que foi publicado pela revista de arte de vanguarda *Invenção*, porta-voz da poesia concreta paulista. E a condenação final do Manifesto, feita por Willy, um de seus mais importantes signatários, trouxe à discussão a validade do próprio Festival Música Nova e das músicas nele apresentadas. Esta é a minha contribuição, para que se faça uma nova luz sobre o problema.

Ao contrário do que possa parecer à primeira vista, nunca o festival foi tão válido como ultimamente. Em seus dezessete anos de idade, ele já tem sido a testemunha de todo um processo por que vem passando a música brasileira, e a tribuna para seus compositores debaterem os problemas da criação musical contemporânea, sobretudo a nossa. Um festival dialético, feito para compositores dialéticos. Mostra musical dinâmica, em permanente transformação.

[1] *A Tribuna*, 7 out. 1979.

O mundo não para, a música não para. Mas precisamos, devemos controlar sua direção, para evitar o abismo que está à frente: a entropia de um mundo em competição consumista, a poluição assassina. Tudo se relaciona, e a música reflete tudo isso. Daí o dever que temos de conduzi-la de maneira que o seu natural reflexo disso tudo seja contra tudo isso.

Já há dois anos, o professor Koellreutter, em nosso XIII Festival, levantou o problema da inevitabilidade de uma música funcional para o futuro, ou melhor, uma música aplicada, sempre ligada a uma função: terapia, teatro, cinema, esporte etc. Uma função humana, desejaríamos, se tal vier a acontecer. O assunto deu margem a uma polêmica entre diversos entrevistados pelo *Jornal da Tarde*, de São Paulo.

Agora, o compositor Willy Corrêa de Oliveira aponta a nossa consciência burguesa, que nos levou ao pronunciamento de 1963, por uma nova música brasileira, nos moldes então preconizados, e o começo de uma discussão que realmente foi proposta pela programação do XV Festival: sobre os manifestos Música Viva, de 1946, e Música Nova, de 1963. Começo de uma autocrítica que precisávamos fazer, uma revisão do que foi mau e do que foi bom em nosso pronunciamento passado.

De fato, dá urticária hoje em dia ler palavras como binômio "produção-consumo", dentro de uma terminologia que usávamos, mas com uma conotação enamorada desse tipo de transa. Podemos continuar usando essa terminologia técnica, desde que num sentido crítico.

As coisas não acontecem sozinhas. Junto com nossa posição de 1963, por exemplo, veio nossa abertura para novas técnicas composicionais, a retomada do serialdodecafonismo introduzido no Brasil pelo Grupo Música Viva, sob os ensinamentos do professor Koellreutter. O que nos colocou em dia com o estágio daquele momento da linguagem musical do Ocidente, da qual faz parte a linguagem musical brasileira. E nos permitiu inventar nossa linguagem pessoal, dar nossa contribuição particular, sobretudo com base na estrutura dos poemas concretos de Haroldo de Campos, Augusto de Campos,

Décio Pignatari e outros. O que pode ser comprovado em todos os festivais já realizados, inclusive neste xv.

O festival estará, daqui para frente, mais do que nunca, à procura de uma real música nova, de vanguarda mesmo, isto é, que esteja na frente de todas as outras que possam refletir o contexto socioeconômico desumano em que vivemos. Dá para perceber que, embora com maior boa fé, no sentido de criar e defender uma música participante, na verdade estávamos inocentemente fazendo o jogo de uma tecnologia e filosofia absolutamente desinteressadas da felicidade e da construção do Homem. E não me venham dizer que nestes dois séculos foram feitas revoluções tão radicais somente para dar a cada cidadão um automóvel, uma geladeira, um televisor, comunicação via satélite e outros bens de consumo. Desenvolvimento é um mito, uma invenção que beneficia os interesses de uma economia de mercado. Não há a menor necessidade desse tipo de desenvolvimento para o homem. É preciso um objetivo mais transcendental que proporcione aos homens bens espirituais, em vez de bens de consumo, materiais. Uma chama como podemos ver no cristianismo primitivo, puro. Lembro-me das palavras de Antonio Gramsci, anotada em seu diário: "Uma vez refeito o homem, refrescado o espírito, uma vez surgida uma nova vida de afetos, surgirá então, se surgir, uma nova poesia."

Homem novo, música nova, podemos concluir.

Beethoven, o Proprietário de um Cérebro[1]

Livro para ser ouvido. Ou música para ser lida. Achados gráficos tão importantes quanto palavras. Como quiserem. Ou melhor, tudo isso ao mesmo tempo. Esta é a obra de arte arquitetada pelo compositor brasileiro Willy Corrêa de Oliveira, *Beethoven: Proprietário de um Cérebro* (da coleção Signos-Música, editora Perspectiva), já à venda nas livrarias. Que não é para ser "curtida" unicamente como literatura. O seu primeiro aspecto é de uma obra literária: um livro. Porém, um livro de vanguarda, perfeito, acabado nos mínimos detalhes.

Logo que iniciamos sua leitura, nossa percepção passa a ser sensibilizada por outros tipos de sinais. E se sucedem, sobrepõem-se os pontos de vista, de escuta, de leituras possíveis para essa autêntica composição multimídia, que tem sua comunicação fundamentada em sistemas intersemióticos. Obra para se ler, ouvir e ver.

"Ouviver a Música", já pedia Willy no título de sua antiga peça instrumental. Ler e "ouviver" esse livro, pedimos nós, para sua completa e verdadeira fruição. E para o que, explica o próprio Willy,

---

[1] *A Tribuna*, 2 dez. 1979.

não se pede diploma de conservatório. Aconselhamos uma primeira leitura em diagonal – uma tomada de conhecimentos; a seguir (e calmamente) uma detença pelas páginas de análises e leituras. Que o leitor – desconhecendo a notação musical – não se inquiete: alguém que leia partitura musical pode vir em seu auxílio. E há o disco e a possibilidade de uma realização ao piano por um/a amigo/a (*pari passu* com as *leituras*). O que não desespera é que a música executada por Caio Pagano está aqui presente no disco que acompanha o livro.

Sim, porque esse livro nasce de uma conferência em que o Caio tocava, comissionada pela Coordenadoria de Assuntos Culturais da USP, no transcurso do Ano Beethoven 1977. Mas o que de fato vimos, na ocasião, foi um inteligentíssimo *happening* criado por Willy, com cenário, iluminação, ações, pianista, ator, cantora e sete crianças. Realizado principalmente em São Paulo, depois da II Bienal de Música do Rio, em Belo Horizonte e repetido em São Paulo. Trata-se, portanto, como bem diz seu autor, de uma "transcrição" desse memorável acontecimento musical para um contexto literário.

Até certo ponto, este *Beethoven* de Willy guarda alguma relação com o ZAJ, do espanhol Juan Hidalgo, com o *Musik Zum Lesen*, do alemão Dieter Schnebel, obras também ambíguas, para serem lidas como música, para serem ouvidas como texto. Mas o trabalho de Willy tem a vantagem de ser uma elaboração estrutural requintada e altamente intelectual. Edificante. Construída e construtiva. A partir de fragmentos alineares, resulta um discurso com clara direcionalidade, definida por este *leitmotiv*: a resposta negativa da burguesia diante de Beethoven (ou, na verdade, como bem diz Willy, diante de qualquer projeto cultural). Este é o tema do livro, que se desenvolve através de 33 variações.

Metalinguagem das 33 variações para piano compostas por Beethoven sobre o tema proposto pelo editor vienense Anton Diabelli e cerca de cinquenta compositores. Inicialmente recusado por Beethoven, que enunciou assim – ele próprio, diz Willy – "o verdadeiro tema desta obra escrita em 1823: a negação". Linguagem literária de um compositor deste século, Willy Corrêa de Oliveira, que observa e traduz para outro processo sígnico a linguagem musical de um compositor do século passado, Ludwig van Beethoven. Isomorfismo.

Romance da Vida Espiritual de Beethoven

Cada um dos 33 capítulos é uma informação. Em meio à importantíssima contribuição de Willy "por uma semiótica musical", e a uma cinematogrática análise da "Appasionata", podemos nos deliciar com caligrafismos (final da "Carta à Imortal Amada") que devem ser olhados (recomenda-se) enquanto escutamos o andante da "Sonata op. 79"; com um momento em que é pedido que se leia ao som da "Variação n. 2" das "Variações op. 120"; outros em que encontramos um "projeto para radiodifusão", um "antídoto para comemorações centenárias" (breve receita para o leitor compor sua "homenagem" a Beethoven, através de nove fitas cassetes); e um admirável poema semiótico, em que, numa sucessão da mesma foto de "Liszt em seu estúdio", o foco é deslocado, num crescendo, da figura principal de Liszt para o retrato de Beethoven na parede que é cada vez mais ampliado, até tomar todo o espaço da penúltima página, em cujo verso transforma inesperadamente no retrato de Schoenberg. Segue-se a variação n. 18, em que um proprietário alemão de editoras de partituras e discos ordena: "Vamos investir com toda a garra no ano Beethoven." É a consciência burguesa forjada pelo dinheiro que fala. Para atender ao consumismo dos proprietários privados do "objeto Beethoven".

E ainda há citações, comentários, pentagramas, notas. Na totalidade, uma fascinante música para ser lida. E sua leitura resulta numa emocionante "curtição" musical: a mesma que nos transporta quando folheamos uma partitura e nossa imaginação começa a divagar, solta pelo mundo dos significados sonoros; que nos comove quando vemos fotografias de compositores e intérpretes queridos, quando pegamos um disco precioso nas mãos. Há uma música na sugestão disso tudo, no clima que nos envolve. Um prazer musical.

Nós *ouvimos* música, ao comtemplarmos uma foto de Stravínski, ao apreciarmos um conceito de Webern, ao sabermos de passagens da vida de Chopin. São possibilidades variadas de leitura musical, de percepção musical. Possibilidades que encontramos, todas elas, neste *Beethoven*, de Willy Corrêa de Oliveira; inclusive pela audição do pequeno disco que acompanha o livro, que conta com a participação, além do pianista Caio Pagano, do ator Walmor Chagas, do diretor de cinema publicitário Clemente Portella, e tem como locutor o compositor Flávio Oliveira.

Willy Corrêa de Oliveira, professor do Departamento de Música da Escola de Comunicações e Artes da Universidade de São Paulo, ocupa uma posição de destaque entre os compositores do país. Como Beethoven por ele repensado, também Willy é o proprietário de um cérebro, no panorama da música brasileira hoje.

As Outras Bossas de Noel Rosa[1]

Trinta anos, esta semana! Num dia 4 de maio, em 1937, morria aos 26 anos de idade o mais querido compositor da "velha guarda" de nossa música popular: Noel de Medeiros Rosa. A maior homenagem – e serviço – que lhe devemos prestar é desfazer uma confusão reinante, na qual sua figura vem se tornando uma espécie de bandeira de um reacionário, alienado e burguês nacionalismo musical. Vamos recolocar Noel em seu devido lugar, um lugar de grande destaque, de pioneiro. Ele viveu o seu tempo, a informação adequada. Daí a tão citada e admirada "atualidade de seus sambas". Há um impulso "para frente" que não deixa sua obra parar no tempo. No próximo século ainda será sentido o "novo" em seus sambas. Ao passo que... alguém ainda consegue ouvir "A Banda"? No entanto, no próximo século "Olê Olá" também ainda será ouvido. Neste samba, Chico Buarque não procurou reproduzir certas constantes musicais de Ataulfo Alves ou de Noel. É um trabalho autêntico, inteiramente seu, em que a assimilação do espírito dos velhos sambas se serve da experiência cromática, da mobilidade harmônica da bossa nova. O

---

1 *A Tribuna*, 7 maio 1967.

material tradicional, quando transparece, está recriado e aponta o futuro. Nesse caso, Chico Buarque não seguiu o estilo de Noel, seguiu seu exemplo. Noel não pretendeu manter tradição alguma, nunca se preocupou com problemas de "raízes" nacionais ou folclóricas. Foi um artista espontâneo, um criador por excelência. Gostava de seu mundo e queria somente cantar.

"O samba, a prontidão e outras bossas, são coisas nossas, são coisas nossas", conforme declarou nesse famoso samba. No tempo da Guitarra de Prata, Viúva Guerreiro, da Casa Artur Napoleão, frequentadas pelos maiorais Eduardo Souto, Donga, Careca, Sinhô, Pixinguinha, as reuniões musicais então "movimentadas" decidiram decisivamente a sorte de Noel, fascinado pela "bossa" de sua época. Que também era nova, porque toda bossa é nova. Sobretudo as outras bossas, de outros tempos, que ficaram.

A rapaziada de Vila Isabel fez o mesmo que fariam anos depois os moços de Copacabana, reunidos nos apartamentos de Nara Leão, Ronaldo Bôscoli, Roberto Menescal, Jobim e outros membros da bossa nova. Mas os inimigos da bossa nova e de tudo que é novo dizem que aqui houve influência do jazz e que ali, em Vila Isabel, estão as "raízes" do verdadeiro samba brasileiro. Vamos então às raizes e ouvir as canções de Noel Rosa cantadas por Noel Rosa, uma gravação em LP de velhas matrizes, um disco simplesmente extraordinário, genial mesmo, que contém as seguintes músicas: "Vejo Amanhecer", "Devo Esquecer, "Coisas Nossas", "Mentiras de Mulher", "Gago Apaixonado", "Mulher Indigesta", "Positivismo" e "Felicidade". A par da mais rica invenção melódica, do sabor que tem a coisa original, com caráter, vamos encontrar o mesmo banjo, a mesma tuba, pistão, saxofone, enfim, a mesma formação instrumental utilizada pela música popular norte-americana do mesmo período. E o mesmo timbre tirado dos instrumentos, resultante da mesma maneira de "soprá--los", típica desse período (hoje a técnica é outra, o timbre é outro). Influência do jazz? Mas o jazz não tinha culpa, coitado. Afinal, ele também derivou. Veio da banda de música europeia. O mundo já começava a ficar pequeno. E sem troca de influências nunca pode haver vida, vale dizer, arte.

Escutem também nesse disco como soa moderno e excitante o pequeno conjunto instrumental que acompanha Noel, com introduções e breques notáveis, passagens solísticas absolutamente irreproduzíveis hoje em dia. Porque naquele tempo vivia-se o dó maior, o lá menor, as tríades perfeitas, as modulações relativas, próximas. Agora soa falso querer fazer o mesmo, sente-se a imitação sem resposta no ambiente. Mas sempre há os que acreditam que o dó maior é "essencialmente brasileiro". Em geral são aqueles comentaristas que falam com aquela autoridade dos que não conhecem nada de música. Vamos então contar para eles que o acorde dó maior tem sua origem num fenômeno físico estudado pelos gregos (os antigos, não os de "Nunca aos Domingos"). E que esse negócio de remontar as raízes é perigoso, porque vamos acabar parando na Oceania (conforme já falou Antonio Carlos Jobim), de onde teriam vindo nossos índios.

A música popular sempre assimilou com atraso as "descobertas" da música erudita, porém, com a faculdade de torná-las acessíveis às massas, consumíveis, conforme foi feito com a mania debussysta, primeiramente pelo jazz e ultimamente pela bossa nova. A nova harmonia alterou completamente a concepção melódica. E ainda há muito pela frente para ser assimilado: a música atonal, serial etc. Do ponto de vista da "escuta" concreta, The Beatles, por exemplo, já fizeram miséria com o "Submarino Amarelo".

Mas voltemos a Noel. O segredo da grande qualidade que tem sua música está numa coisa muito simples. Para tristeza dos que se baseiam em Noel para criticar a bossa nova, é em Noel, exatamente, que vamos encontrar o primeiro germe da bossa nova. Sua melodia já tem "cifrada", em potencial, toda a harmonia que a bossa iria desenvolver. Por isso é tão adaptável às mais variadas disposições harmônicas; e tornou possível o mais belo "arranjo" instrumental e harmônico da bossa anterior, o que acompanha Aracy de Almeida em "João Ninguém". Aí está perfeitamente reconhecível, nascente, em violão, flauta, piano (um pianista fabuloso, já utilizando progressões em sétimas maiores) à antiga, o caminho que levaria à moderna música popular brasileira, ou bossa nova, se preferirem.

Em São Paulo, o "Iluminado" Penderecki[1]

Para quem não frequenta a música erudita contemporânea, o nome de Krzysztof Penderecki nada significa. Mas se falarmos que sua música foi utilizada por Stanley Kubrick no filme *O Iluminado*, já daremos um importante ponto de referência. Todo mundo deve se lembrar da sinistra e apavorante música de fundo dessa admirável obra-prima cinematográfica. Kubrick apelou para Béla Bartók e Penderecki. O som de Penderecki, no entanto, foi o mais assustador, o mais pesadamente diabólico. Coisa explicável.

Bartók é estranho, transilvânico, porém sua técnica é mais transparente, o som mais rarefeito, o contraponto modal/atonal, enfim, a típica música das primeiras décadas deste século. Penderecki representa a música realmente de hoje, violenta, dura, áspera, dramática ao extremo, até a mais profunda fossa. Vale-se, para compô-la, de um absoluto domínio técnico da construção do som coral/orquestral, disposto em *strata* de origem weberniana. E de uma aguda sensibilidade à cor instrumental e vocal, que o leva à composição de blocos de sons por camadas de timbres e efeitos específicos (que vão do som tradicional

1 *A Tribuna*, 23 maio 1982.

a ruídos extraídos dos instrumentos e das vozes) sobrepostas em estruturas sonoras de grande plasticidade. Tudo feito de uma maneira sentida, não em cima de esquemas teóricos. Como podem ver, sua linguagem musical é bem do nosso tempo, bem de vanguarda. E aparentemente tudo nela deveria fazer com que o grande público a rejeitasse, como faz com Boulez, Stockhausen e outros compositores respeitados, mas não realmente apreciados. Penderecki, contudo, conseguiu o feito raro de conquistar em cheio o tradicional público de concerto, que lota os teatros burgueses para ouvir sua música, no mundo inteiro. E tornou-se o compositor mais famoso, mais badalado de nossos dias. Ele dá a entender que não foi um milagre:

"A música boa acaba sempre sendo entendida pelo grande público", respondeu a um aluno do Departamento de Música da USP. Penderecki esteve agora em São Paulo por duas semanas, trazido pelo regente Isaac Karabtchevsky, para reger dois concertos com obras suas no Teatro Municipal. E atendeu a um convite do nosso Departamento de Música para um bate papo informal. A ideia partiu dos próprios alunos, que foram lá ao teatro para convidá-lo. E ele prontamente atendeu e, muito simpaticamente, ficou lá sem pressa alguma, durante umas três horas, respondendo pacientemente a todo tipo de perguntas, até algumas que ele considerou *stupid questions*, porque insistiam em querer saber qual o conteúdo programático de suas músicas. Resumindo, ele disse mais ou menos o seguinte:

Minhas músicas não querem dizer nada. Música não tem significado. Stravínski já disse isso antes de mim. Mesmo quando trabalho um texto, como em minha *Paixão Segundo S. Lucas*, as palavras, suas vogais, suas consoantes, se tornaram sons para mim, que eu trabalho musicalmente, abstratamente. A música é uma arte abstrata. Um texto, um assunto, é um mero pretexto, o trabalho é com o som, é fazer música, não o trabalho de contar alguma coisa. E pra quem escrevo música?

Escrevo para mim mesmo, para minha satisfação, sem fazer a menor concessão ao gosto do grande público. Se a música de Boulez não atinge o grande público é porque é má música. A boa música acaba comunicando. A boa música de hoje não rompeu com o passado, muito pelo contrário, ela desenvolve os elementos contidos na música do passado. Interessa-me profundamente a música de Brahms, Mahler, Beethoven. Atualmente há um interesse em se recuperar vários aspectos que foram fundamentais na música do passado, o melodismo, o próprio tonalismo. Na minha "Segunda Sinfonia", que ouvirão aqui em São Paulo, dei um passo atrás, para poder ir mais adiante com minha linguagem.

Penderecki irritou-se um pouco com certas perguntas em que desconfiou intenções políticas, embora ninguém tenha chegado a perguntar se ele era solidário ao Solidariedade: "Parece-me que vocês estão aqui no Brasil como a Rússia esteve há muitos anos atrás, preocupada com uma música simples, que atenda aos desejos de uma grande massa. O resultado é que a Rússia, hoje, não tem música."

Essa é uma opinião muito particular de Penderecki, que passa por cima de Schostakóvitch, Prokófiev, Khrénnikov, Miaskóvski, Kabalévski, Khatchaturian e muitos outros, inclusive alguns compondo até mesmo em técnicas dodecafônicas, como Edisón Deníssov, Valentin Silvestrov. Essa postura revelou seu individualismo, sua posição elitista de dono da verdade, da verdade de uma classe, a sua classe de artista. Mais adiante ele disse algo muito esclarecedor: "Vocês se enganam, a Polônia não é um país comunista, é um país que tem um governo comunista."

Disso sempre soubemos, que eles não querem nada com a construção do socialismo. Penderecki está aí para confirmar. Nascido em Debica, na Polônia, em 1933, estudou violino em criança e depois composição com Artur Malawski e Stanislaw Wiechowicz, na Academia de Música de Cracóvia. Ficou famoso em seu país e abriu as portas dos principais centros musicais. Em seguida sua *Paixão Segundo S. Lucas* foi enorme sucesso, primeiro na Alemanha, depois em seu próprio país e abriu as portas dos principais centros musicais do mundo, principalmente dos Estados Unidos, para sua obra inteira, que inclui muitas peças de caráter religioso: *Psalmy Dawida, Stabat Mater, Dies Irae*. Outras obras importantes: *O Diabo de Loudun*, ópera (*libretto* de Aldous Huxley), *O Paraíso Perdido*, "De Natura Sonoris", "Threnody", às vitimas de Hiroshima, "Canon", "Polymorphia",

"Fluorescentes", "Anaklasis" etc. Tudo quase sempre para grande orquestra e grandes coros, pouca coisa de câmara.

Respondendo a outra pergunta, Penderecki disse ser muito religioso, e que "o polonês religioso não é como, por exemplo, o religioso brasileiro. Fui à missa aqui e vi pouca gente na igreja. O polonês leva a religião a sério, porque a Igreja na Polônia é popular, desde séculos passados tem estado ao lado do povo em sua luta pela liberdade".

Suas palavras contradizem uma outra opinião, também corrente, de que a Igreja polonesa é a mais reacionária de todas. Enfim, não nos preocupemos com o possível reacionarismo de Penderecki. Stravínski e Schoenberg também foram refinados reacionários. O que ficou deles foi a excelente música que compuseram. E não temos dúvidas de que a de Penderecki também ficará, como a de um dos melhores compositores da segunda metade deste século.

A Música de Vanguarda Segundo Eleazar de Carvalho: Descrição de uma Luta [1]

Primeiro Tempo: Estratégia Mal Preparada

E tendo surgido inesperadamente, durante a batalha travada pelas duas orquestras, três moços desconcertaram toda a estratégia armada e, dentro de uma tática verdadeiramente de frente de combate, de vanguarda, constituíram o autêntico *happening* de toda a II Semana de Música de Vanguarda organizada pelo maestro Eleazar de Carvalho e a pianista Jocy de Oliveira. Mas vamos pelo começo, contar a história desde aqueles tempos, não muito distantes – se não nos enganamos, em 1961 – em que no Brasil ninguém ainda ouvira falar em "música nova", embora quatro compositores brasileiros quase desconhecidos, em surdina, já compusessem dentro dessa nova linha, pioneiros, isolados. Muito menos deles se falava alguma coisa.

Naquele ano realizou-se no Rio de Janeiro a I Semana de Música de Vanguarda, também organizada por Eleazar e Jocy. Foi realmente um empreendimento da maior importância para a música brasileira. Possibilitou um primeiro e vivo contato com as mais modernas

---

1 *A Tribuna*, 11 set. 1966.

correntes de música contemporânea e nos trouxe, em pessoa, três de seus mais importantes representantes: os compositores Henri Pousseur e Luciano Berio, mais o extraordinário pianista David Tudor que toca tão bem uma sonata de Beethoven quanto o "Tacet", de John Cage; capaz, num acorde, de imprimir um toque diferente a cada dedo, tal a diversidade dinâmica de sua execução. Juntamente com o Duo Kontarsky e a pianista Yvonne Loriod, formam a equipe dos melhores pianistas da difícil e complexa *neue Musik*. O belga Pousseur fez parte do histórico primeiro programa de música eletrônica da Nordwestdeutche Rundfunk, de Colônia, ao lado de Stockhausen, Eimert e outros; dirige o estúdio de música eletrônica Apelas, em Bruxelas. O italiano Luciano Berio dirige o estúdio de música eletrônica da Rádio de Milão, e, como Pousseur, faz parte de quase todos os "Ferienkurse" de Darmstadt e concertos de Donaueshingen. Compôs a música eletrônica da peça *Apague Meu Spotlight*, de Jocy de Oliveira, levada à cena no Teatro Municipal de São Paulo durante essa I Semana. Por ocasião de sua estada em São Paulo, Berio concedeu entrevista especial para *A Tribuna*, através do compositor brasileiro Willy Corrêa de Oliveira, então colaborador desta folha.

A II Semana de Música de Vanguarda foi realizada em benefício da A.S.A., Associação Santo Agostinho, formada pelas ex-alunas do Colégio Des Oiseaux, dedicada a obras assistenciais. Para a II Semana deveriam vir Luciano Berio novamente, o discutidíssimo John Cage, compositor e filósofo da antimúsica, da música antiburguesa, não conformista, figura típica da arte norte-americana atual; e o compositor grego Iánnis Xenákis, radicado na França. Somente este último compareceu, acompanhado do excelente percussionista Richard O'Donell, antigo baterista de jazz, atualmente tocando na Orquestra Sinfônica de Saint Louis. Eleazar de Carvalho, regente dessa orquestra, conseguiu entusiasmar O'Donell pela música de vanguarda e o transformou num dos maiores percussionistas da música nova, dentro da qual a percussão tem um enorme campo de criação. Além dos instrumentos tradicionais usados pela orquestra sinfônica, O'Donell utiliza instrumentos por ele mesmo inventados ou descobertos (ou objetos cuja aplicação musical descobre), desde a buzina aos tímpanos; um brinquedo de criança, a "musical chime" (Carrilhão), um instrumento da Índia parecido com o nosso pandeiro, outro do Peru, lembrando um totem. É autor também de livros técnicos sobre percussão. O percussionista de hoje tem na orquestra uma grande função, uma posição da mesma importância e, às vezes, até maior do que os outros instrumentistas, devido à elevação do ruído (os processos vibratórios não periódicos, estatísticos) à categoria de som musical, no repertório da música de vanguarda.

O primeiro concerto, dia 1º de setembro, foi realizado no Teatro Municipal, a um preço exorbitante – vinte mil cruzeiros a poltrona – o que afastou boa parte da juventude – o público ideal para a música de vanguarda. De Luciano Berio ouviu-se *Caderno III*, fusão de procedimentos stravínski-webernianos, com repetição dos signos da *neue Musik* darmstadtiana. Stravínski esteve presente em *Movimentos* para piano (Jocy de Oliveira) e orquestra. Peça sem maiores interesses, levando-se em conta as experiências anteriores do grande compositor. Apesar da idade, Stravínski deglutiu Webern. Coragem do autor da *Sagração* de escrever uma peça "transparente", e só! A música realmente aplaudida – e merecidamente – foi a de Webern, *Seis Peças Para Orquestra*. Em parte, é certo, por já ser conhecida do público da Filarmônica. Anton Webern foi o grande mestre vienense que deu início a uma nova orientação na percepção musical que se iria materializar na música eletrônica e em todas as práticas instrumentais baseadas no princípio serial. E como ele ainda soa moderno! Às vezes mais atual do que muito compositor dos nossos dias. As seis peças ouvidas são do período não dodecafônico, embora contenham já as características das obras posteriores à *Sinfonia op. 21*. Poderíamos chamá-las de música simbolista: o sino, o clima angustiante, herdado de Schoenberg. Houve quem dissesse: "Um réquiem pela Europa." Os signos semânticos aí estão, atuantes.

Por último, a esperada, a grande batalha, o combate final. Duas orquestras colocadas no palco e dois regentes, um de costas para o outro, prontos para uma competição. Os pontos serão registrados num placar (deveria ser eletrônico; na sua falta, apelou-se para um marcador comum, manual) visto somente pelo público, que deverá torcer para um dos concorrentes. O maestro vencedor receberá uma taça ou medalha. No decorrer da execução, cada maestro tem a possibilidade de escolher sua direção. Quatrocentas possibilidades em vinte caminhos diversos. Escolhida uma sequência, aperta um botão que acusa no marcador se ele está certo ou errado, através de pontos assinalados. Baseado na lei das probabilidades, haverá momentos em que um regente, sem o querer, pode fazer pontos para o outro. Além disso, também está esclarecido que a vitória de um não significa a sua superioridade como maestro. Para que, então, a competição?

As duas orquestras foram conduzidas por Eleazar de Carvalho e Júlio Medaglia. *Stratégie*, do compositor Iánnis Xenákis, do Groupe de Recherches Musicales da ORTF (Office de Radiodiffusion-Télévision Française), dirigido por Pierre Schaeffer, é um trabalho desenvolvido exclusivamente no nível sintático, resultante de programação do autor para um computador IBM. Peça sem maior interesse a não ser a "disputa", de resto, queira ou não Xenákis, semântica. O clima de torcida e espírito de brincadeira, intervenções gritadas ("juiz ladrão!") reviveram um pouquinho a grande noite do Festival de Música de Vanguarda realizado no mesmo Teatro Municipal por Diogo Pacheco, no ano passado, para desespero dos donos da música ouvida nesse santuário burguês, para desespero principalmente de sua diretora administrativa, a famigerada d. Jessia. Mas quem mandava nessa noite era "seu" Eleazar, e com ele ninguém pode.

A não ser três cidadãos misteriosos que inesperadamente, sem medo algum, numa rápida ação da plateia ao palco, *à la* irmãos Marx numa noite na ópera, desbarataram as forças inimigas e dominaram toda a "stratégie" xenakiana, numa memorável intervenção, proporcionando o *happening* que faltava à II Semana de Música de Vanguarda. Como um fulminante gol de Pelé, de surpresa, logo no início da partida, estava ganha a peleja pelo estranho trio. A II Semana atingia já o seu clímax, adquiria a sua exata dimensão artística de mostra de arte de vanguarda. Vejamos o insólito acontecimento de dois ângulos.

Caldeira Filho, crítico musical de *O Estado de S.Paulo*:

A certa altura três moços que na plateia cantavam uma melodia foram chamados ao palco e ali continuaram a cantar, de modo intencionalmente grotesco, sob regência do maestro. O primarismo da manifestação decepcionou, desacreditou aquilo que se pretendia exaltar e mostrou que essa "música" não é de vanguarda e sim de recuadíssima retaguarda, coisa incompreensível no autor, pessoa possuidora de altos títulos etc. etc.

Diogo Pacheco, crítico musical do *Jornal da Tarde*:

De repente, quando Eleazar de Carvalho estava vencendo por 49 a 27 a Júlio Medaglia, três espectadores, na plateia, começaram a cantar "Juanita Banana", aquele trecho que repete a ária "Caro dome", da ópera *Rigoletto*, de Verdi. Muito esportivamente, enquanto o público não sabia se reagia ou não, Eleazar convidou os três para subirem ao palco e os regeu. Muita gente gritou bravo, outros aplaudiram, os três voltaram aos seus lugares etc. etc.

A verdade, porém, é que o maestro Eleazar de Carvalho não gostou. O ângulo esclarecedor, que permitira inclusive desvendar a identidade dos três personagens audazes, só poderá ser devidamente apreciado no 2º tempo da descrição dessa luta.

A Música de Vanguarda Segundo Eleazar de Carvalho: Descrição de uma Luta II[1]

Segundo Tempo: A Lição Aprendida

Intervalo.

Após o concerto de abertura da II Semana de Música de Vanguarda, realizado no Teatro Municipal, a senhora Nenê Medici recebeu o *grand-monde* artístico paulistano para um jantar em sua residência, na av. Paulista, em homenagem aos músicos de vanguarda. Presentes, entre outras, pessoas que nada tinham a ver com o peixe servido, como Camargo Guarnieri, Guiomar Novaes, Magdalena Lébeis. Autêntico "líder de opinião", dentro do processo persuasivo de colocação, de comunicação da música de vanguarda, Eleazar mobiliza com o seu prestígio o público mais variado, da "gente de bem" à classe estudantil, comerciária. Pelos salões cruzaram-se muitas vezes os já famosos intérpretes de "Juanita Banana" e seu contrafeito regente. Sem incidentes.

Na noite seguinte, ainda em paz, segundo concerto no auditório do Tuca, Teatro da Universidade Católica. Audição de música

---

1 *A Tribuna*, 18 set. 1966.

eletrônica de Elliot Carter, Arel, Davidovsky e Subotnick. De Lejaren Hiller ouviu-se *Machine Music*, para piano, instrumentos de percussão, *slides*, estouros de balões cheios de ar e brinquedos de criança. Interpretações do excelente percussionista Richard O'Donell e de Jocy de Oliveira, pianista digna de toda a nossa admiração pelo seu trabalho divulgador e criativo dentro da música nova. Jocy é realmente interessada em todos os aspectos da arte moderna. Não se contentou com a carreira normal de pianista, em tocar Bach-Beethoven-Brahms, e acertadamente. Para isso já há muita gente. O último concerto também seria a seu cargo e de O'Donell, com peças de Cage, Xenákis, Ben Johnson e uma homenagem a Erick Satie: um trabalho para piano e o texto a ser lido, este último em um *tape* montado pela própria Jocy.

Dia 3. A trégua foi rompida. Às nove horas da noite, numa das salas da Universidade Católica realizou-se uma mesa redonda sobre os problemas da música de vanguarda, presidida pelo maestro Eleazar de Carvalho. Convidados de honra, o pintor Flávio de Carvalho, maestro Júlio Medaglia, compositor Iánnis Xenákis, Jocy, O'Donell e outros.

Com seu habitual autoritarismo, Eleazar abria os debates, deixando bem claro que deveriam seguir um curso rígido, impecavelmente disciplinado sob sua enérgica batuta. Só permitiria opinarem as pessoas qualificadas, habilitadas para tal. Naturalmente desejava que nos sentíssemos como ginasianos diante de um professor temível. E as gozações não tardaram, partidas de determinado ponto para o qual o maestro olhou enfurecido, e esbravejou: "Estou reconhecendo uma das pessoas qua fizeram aquele triste papel no Teatro Municipal durante o concerto. Não gostei nada. Uma coisa eu garanto. Aqui vocês não tumultuarão os debates." Estava lançado o desafio e identificado um dos cantores: o poeta Décio Pignatari, líder do Marda (Movimento de Arregimentação Radical em Defesa da Arte), a sigla do *happening* paulistano. O ambiente ficou tenso, um mal-estar generalizou-se. Expectativa de desfecho violento, dado o "temperamento" conhecido de Eleazar. Nada aconteceu, de imediato. Já havia sido combinado que os três desafiados sairiam cantando mais uma vez "Juanita Banana", se fossem postos fora da sala.

Levanta-se então o poeta concretista Augusto de Campos e pede a palavra. De caneta e papel na mão, o maestro perguntou, ríspido, quantos minutos ele iria falar. Sua expressão era de quem estava disposto a cassar a palavra ao menor pretexto. Precisávamos compreender: quem mandava era ele, Eleazar de Carvalho. Também de papel na mão, Augusto de Campos garantiu que sua intervenção, embora escrita, não seria demorada; mas era da maior importância – tanto que se dera ao trabalho de escrevê-la – pois tratava do caso dos três espectadores-cantores. Em apaixonada defesa deles, lamentou que uma Semana de Música de Vanguarda fosse conduzida de maneira tão estreita, fechada, crítica e policialmente interessada em manter a ordem musical apresentada em lugar de discuti-la. A contribuição crítica, verdadeiramente vanguardista, fora dada exatamente pelos três espectadores, cantando, num momento mais silencioso da orquestra, o ié-ié-ié "Juanita Banana", pleno de conteúdo semântico. Não era por acaso que seus intérpretes haviam sido um poeta, Décio Pignatari, e dois compositores, Willy Corrêa de Oliveira e Rogério Duprat. Uma realização de vanguarda visa sempre subverter a ordem artística já estabelecida, e não sua mostra bem comportada. Depois de uma resenha de tudo quanto já fora feito em São Paulo no campo da música de vanguarda, desde o tempo do movimento Ars Nova, Augusto de Campos ainda lamentou que a ii Semana ignorasse por completo esse passado – não tivesse o menor interesse nos compositores brasileiros de vanguarda, Willy, Rogério, Damiano Cozzella e Gilberto Mendes. Recordou o memorável concerto realizado no ano passado pela viii Bienal de São Paulo, dirigido por Diogo Pacheco no mesmo Teatro Municipal em que foram apresentadas obras atualíssimas e brasileiras de Mendes e Willy. Aquele, sim, conceito polêmico, agressivo, tanto que provocou violenta reação do público e teve a maior repercussão nos principais jornais, revistas e tevês do país. Augusto de Campos terminou sua intervenção sob calorosos aplausos.

O maestro Eleazar de Carvalho ouvira tudo calado, perplexo. Evidentemente estava surpreendido, não sabia com quem havia mexido. A pouco e pouco sua fisionomia se transformara. Presenciávamos um homem sem dúvida alguma muito vivo, inteligente, sensível aos acontecimentos, que compreendia, rápido, onde estava a verdade. E sentia muito bem a preferência do público (que se manteve sempre a favor da defesa do trio cantor). Ficou mudo por uns instantes. Pausadamente voltou a falar. Era outro homem, não mais o autossuficiente, o terrível. Humilde, agradeceu as palavras de Augusto de Campos, se desculpou, confessando que, de fato, não estava a par do que acontecera no Brasil nestes últimos anos. Sua intenção realmente fora mostrar-nos só o que se fazia lá fora. Conforme o próprio Augusto relatara, o que se faz entre nós estava já bastante divulgado. De qualquer maneira reconhecia uma falta sua e prometia também apresentar os brasileiros numa próxima Semana de Música de Vanguarda. E desde já colocava à disposição dos compositores brasileiros de vanguarda as duas orquestras que dirige: a Sinfônica Brasileira e a de Saint Louis, nos Estados Unidos. E pediu o documento de Augusto de Campos para anexar ao relatório que faria sobre a Semana. "Com alguns cortes", sorriu.

Desaparecera o clima de tensão. Num ambiente totalmente mudado, Eleazar mostrou daí para frente outra face, um permanente bom humor. Ele também sabe ser agradável. De uma posição policial, passou a dirigir os debates sempre em brincadeira, informal, gozando mesmo certas situações cômicas que surgiam muitas vezes diante da incompreensão da nossa língua por parte do compositor Xenákis, motivo de muitas respostas suas fora do assunto em foco. Discutiu-se principalmente sobre qual o papel da música popular no quadro da música de vanguarda. Apesar de estarem diante de uma autoridade em música estocástica, em programação para computador eletrônico, a plateia demonstrou interesse muito maior pelo conteúdo do que pela sintaxe musical. Daí a grande discussão, em francês, travada entre Décio Pignatari e Iánnis Xenákis, sobre música semântica. Defendeu Décio a dessacralização da música, com tal acerto de argumentação, que deixou Xenákis sem resposta. O compositor francês chegou a irritar-se, ficando mesmo "invocado" com a palavra "semântica" cada vez que a ouvia. Quanto ao episódio dos três espectadores-cantores, Décio lembrou Sartre: "Entre duas coisas a serem escolhidas, que se escolha uma terceira. Evidentemente essa terceira coisa não esteve presente no concerto do sr. Eleazar."

O poeta Haroldo de Campos também lançou seu protesto, resumindo toda a história da música de suas origens até "Juanita Banana". Alegou que a mostra se limitara a uma vanguarda velha; a peça mais nova, de Xenákis, data de 1962.

Eleazar de Carvalho agora ouvia com respeito, inclusive os ataques. Sabia que a parada era dura, que tinha pela frente pessoas com a informação certa. Aceitava esportivamente a lição. Admirável sua adaptação a essa realidade: viera para ensinar, e aprendia.

Outros assuntos menos importantes também foram debatidos. No final, o compositor Rogério Duprat, em nome dos compositores, justificou a atitude do grupo como posição crítica, não piada ou provocação: uma contribuição para alguma coisa de novo, que não fosse vanguarda de rotina, bem sucedida. Bastava ver que a própria "Juanita Banana", em si, já era informativa: um ié-ié-ié devidamente veiculado pelos meios de comunicação de massa, que empalmava uma citação de conhecido trecho de ópera. "Não estamos interessados em Stockhausen, Cage, Boulez, nem em Xenákis, em ninguém. No momento estamos contra tudo que se queira estabelecer como definitivo."

O compositor Willy Corrêa de Oliveira encerrou os debates dizendo-se surpreendido com a atitude do maestro em relação à música de vanguarda. Em todo caso, admirara o belo senso de humor demonstrado por ele. E numa alusão à maneira como Eleazar se divertira com as pessoas na condução dos debates: "O senhor é o verdadeiro Chacrinha do 'podium'. De qualquer maneira, esperava que na próxima vez as bananas brasileiras não lhe fossem tão indigestas."

P.S.: Poucos anos depois, Eleazar rege o concerto para piano e orquestra de Willy Corrêa de Oliveira e faz a estreia mundial do meu *Santos Football Music* no outono de Varsóvia. Grande Eleazar!

Entrevista Com o Compositor Iánnis Xenákis[1]

Esteve em visita ao Brasil o compositor grego Iánnis Xenákis, radicado em Paris, onde faz parte do Groupe de Recherches Musicales du Service de la Recherche de la Radio-Télévision Française, que substituiu em 1957 o antigo Groupe de Recherche de Musique Concrète, fundado em 1951 por Pierre Schaeffer. Além de compositor, Xenákis é matemático e arquiteto. Fez parte da equipe de trabalho de Le Corbusier, de quem foi discípulo. Realiza no momento um curso em Buenos Aires, no Instituto Torcuato Di Tella. Aproveitando sua estada no país vizinho, o maestro Eleazar de Carvalho – que divulgou em primeira audição nos Estados Unidos sua peça *Stratégie* – convidou-o para participar da II Semana de Música de Vanguarda.

Presente à tumultuosa mesa redonda sobre problemas da música de vanguarda, Xenákis deve ter-se admirado ao enfrentar um público vivo, participante, disposto a discutir mesmo. Como bom europeu, talvez esperasse da nossa parte um comportamento passivo, uma atenção dócil a seus ensinamentos. No debate com o poeta concretista

---

1 *A Tribuna*, 25 set. 1966.

Décio Pignatari, chegou a irritar-se. E o ponto de discórdia, dominante em todas as conversas seguintes, foi a questão "semântica".

Infelizmente as coisas se encaminharam de jeito que afastou a possibilidade de um conhecimento mais amigo entre Xenákis e nós, compositores brasileiros. E tanto a cobertura dos acontecimentos da II Semana como a entrevista, que obtivemos, não puderam ser impessoais, puramente jornalísticas, uma vez que nos envolvemos em caráter pessoal na discussão travada. Também não antipatizamos com Xenákis. Atendeu-nos prontamente no final da luta já descrita e prometeu-nos entrevista especial para este jornal no dia seguinte. Fomos buscá-lo à hora marcada, no hotel Jaraguá, e lá nos estava ele esperando.

Juntamente com o compositor Willy Corrêa de Oliveira, demos um passeio de carro pela cidade, que o interessava muito, como arquiteto. "Como se constrói em São Paulo", admirou-se ele. Mostramos-lhe o Parque do Ibirapuera, os prédios projetados pelo seu colega Niemeyer, também, como ele, ex-discípulo de Le Corbusier. É constrangedor mostrar nossas cidades e parques, abandonados e sujos, a visitantes estrangeiros.

Durante o trajeto e depois na casa de Willy a conversa foi-se animando. Novamente perguntado sobre o problema de uma música semântica: "Não sei por que vocês se preocupam com esse problema. Tudo é semântico. Minha música é semântica."

Xenákis defendia-se de um confinamento de sua música na faixa puramente sintática. Mas, na verdade, para ele semântica era uma simples palavra. Não existia. E sobre os Beatles: "Pelo que vejo, vocês no Brasil sofrem muito a influência dos ingleses. Não há nenhum interesse na música dos Beatles. Eles são o espelho da decadência anglo-saxônica."

Não aceitava nosso ponto de vista, que reconhecia um grau altamente criativo no trabalho dos Beatles, endereçado e dirigido pelas massas; um espírito dos irmãos Marx, que incorporava o espetáculo à música (a problemática audiovisual de John Cage); uma fusão da comunicação aberta com a comunicação persuasiva (ver Umberto Eco), quase arte de vanguarda. Toda uma posição ante as posições burguesas, enfim uma dessacralização da alta cultura burguesa. Mas essa temática não convencia Xenákis.

O compositor greco-francês é o típico intelectual europeu fechado em si mesmo, em sua posição aristocrática, essencialmente formalista, pela arte "pura estrutura". Seu objetivo era outro: manter a "aura" da obra de arte. É o homem do velho mundo, em choque com as concepções do homem novo americano, voltado para uma arte feita do cotidiano, para o estudo de uma teoria dos signos, da informação.

"Não interessa o significado" – dizia Xenákis. "Interessa o desenvolvimento da linguagem musical."

Contestamos. Se não interessa o significado, o desenvolvimento da linguagem vai dizer o quê?

Xenákis revelava-se insensível à atual tendência da produção artística mundial, de inspiração mais norte-americana, mesmo quando realizada na Europa, como os filmes de Lester, de Richardson. Por isso, igualmente a música norte-americana não o interessava:

"De Cage só posso dizer que faz má música" – declarou.

Referindo-se ao *happening* de Stockhausen em Nova York, influenciado pela linha cageista, de dessacralização da música: "Stockhausen não tinha mais o que dizer."

Passava assim por cima do fato de haver Stockhausen apresentado em Darmstadt, no ano seguinte, seu *Momento 65*, um dos trabalhos escritos mais complexos e mais elaborados do grande compositor alemão, verdadeira síntese de todos os seus procedimentos anteriores.

A respeito de Erick Satie, o grande compositor francês tão na ordem do dia, precursor da antimúsica: "É um compositor secundário."

O entendimento tornava-se cada vez mais difícil. E Xenákis estava ressabiado. Examinou uma partitura de Willy. As citações de outros autores nela contidas, justificadas pelo autor como atuação crítica, de oposição, dentro do contexto musical, foram recebidas com sorrisos irônicos: "Não vejo crítica alguma nessa oposição."

Xenákis também sabia ser do contra. E não poupou um poema concreto de Décio Pignatari, enquadrado na parede: "Mas isto é abstrato."

Também perguntamos sobre o grau de receptividade de sua música. Seria ela aceita por um público comum, de televisão, por exemplo?

"Minha música é aceita normalmente em qualquer lugar, dependendo do nível cultural da audiência. Em Paris é tocada habitualmente, sem problemas."

Já era tarde e o compositor Iánnis Xenákis precisava preparar-se para a conferência que deveria proferir à noite. Levâmo-lo de volta ao hotel.

Em sua palestra demonstrou mais uma vez dificuldade de comunicação, de falar de um assunto de ordem geral. Tratou unicamente de sua obra. Perdeu a oportunidade de tratar do que teria sido o grande tema da noite: como o computador eletrônico pode ajudar o artista, como pode ser um prolongamento de sua mente criadora. Não interessa que o computador faça o que podemos fazer; isso fazemos nós melhor.

Pudemos ver diversas partituras de Xenákis, um livro de arquitetura, outro sobre sua técnica de composição[2]. Ouvimos em gravação as peças *Metastasis*, dirigidas por Hans Rosbaud em Donaueshingen; "Achorripsis" e "Atrees", esta última programada por ele para realização no computador e muito interessante como resultado sonoro.

Colocando-nos acima de nossas incompatibilidades, reconhecemos que Iánnis Xenákis nos mostrou um trabalho considerável, digno de todo o respeito. E sua presença entre nós foi muito proveitosa, exatamente pela troca de ideias antagônicas. É sempre um artista europeu, com cuja obra e experiência sempre vale a pena entrar em contato.

---

2 *Musiques formelles: Nouveaux principes formels de composition musicale*, Paris: Richard-Masse/ Revue Musicale, 1963.

O Verdadeiro Lied Norte-Americano[1]

O jazz é outra história, vem da África, um canto negro que só foi permitido pelos brancos através da tradicional banda de música. As canções dos musicais da Broadway e de Hollywood dos anos de 1930 vêm diretamente da Europa central eslava clássico-romântica, guardam uma relação direta com a música culta europeia, de conservatório. Depois algumas se tornaram temas de jazz. Quando falo nessas canções como o *lied* norte-americano é pra valer, podem crer. Se alguém duvida, pegue, por exemplo, "The Way You Look Tonight", de Jerome Kern, e toque lentamente, ao piano, mudando o acompanhamento para aquele ritmo de acordes batidos sobre quatro colcheias em cada tempo, típico do Romantismo. Pegue essa e muitas outras canções, toque desse jeito, e poderá sentir emergindo aqui, ali, as presenças de Brahms, Mahler, Rachmaninoff, Liszt.

Todo esse cancioneiro está construído em cima das mesmas estruturas significantes da malha musical romântica, vale dizer, a mobilidade harmônica, o salto intervalar altamente expressivo, principalmente os grandes saltos, o cromatismo, a vida própria do

---

1 *Folha de S.Paulo*, 15 jul. 1984.

encadeamento dos acordes, como um acontecimento independente, com sua dissonância e carga semântica específicas de uma época. Numa só canção, o eco da alegria vienense, o clima rarefeito bávaro-tirolês, subitamente o envolvimento pela nostalgia russo-judaica; o ponto final, identificador, de estranhos caminhos que vêm do Volga, do Danúbio, dos Alpes às praias do Havaí, passando por Nova York e Los Angeles, "road to Singapura"...

Inverta a experiência, toque agora "Ich Grolle Nicht", de Schumann, mudando o ritmo para foxtrote, veja que bem poderia ser cantada por Fred Astaire, num arranjo de Ray Noble ou Johnny Green, como uma canção de Jerome Kern. Imaginem o andamento lento da "Sinfonia n. 2" (ou 3, esqueço qual) de Rachmaninoff, como ficaria bem na voz de Barbra Streisand...

"Moon Over Burma", "The Palms of Paradise", "The Moon of Manakoora", todas canções da inesquecível série *Road to...*, da Paramount. Aqui entra, de novo – que fazer?! – a lembrança de Santos dos anos de 1930, quando eu assistia a esses filmes, identificando o que via neles com as praias do Góis e Sangava, em frente, a Ilha das Palmas, o Hotel Parque Balneário, o vento noroeste, tudo ao mesmo tempo muito Conrad e Somerset Maughan. Encontrei naquele Coffee Trader de Milwaukee um disco produzido pelo fã-clube de Dorothy Lamour com absolutamente todas as suas mais célebres interpretações. Os arranjos são comoventes, com um raro sabor de época.

A base harmônica desses arranjos é o quarteto de cordas, em refinada movimentação de tríades perfeitas com sextas agregadas, transando uma polifonia dissonante discreta, "de salão", mais de antecipação e retardo nas vozes, tudo muito clássico, ao mesmo tempo muito novo, retemperado, livre. Orquestração para pequeno grupo instrumental, cordas mais solos, principalmente de violino, trompete com surdina, flauta, clarineta, oboé. As partes do violino solo, um tanto à zíngara, em plangentes contrapontos, são notáveis; e, acreditem, criando uma atmosfera de mares do sul, sarongue, vejam até que ponto a coisa foi refeita. Em "Too Romantic", há entre as partes passagens realmente tocantes, de um melodismo envolvente, sinuoso, sensual. As músicas todas, nesses arranjos e na voz de Doroty

Lamour, evocam paisagens remotas, a vertigem de horizontes oceânicos; atingindo às vezes uma classe melódico-harmônica impressionante, como a dolente, schumanniana, "This is the Beginning of the End". No entanto, bem analisada, a coisa é bem Borodin, bem de restaurante russo-húngaro, ou da Piazza San Marco de Veneza; transfigurada, tornada completamente outra.

O esquema formal das canções obedece ao tradicional a-a-b-a, quase sempre com largas introduções, como vemos na "charmante" e inebriante "The Moon and the Willow Tree", que nos faz pensar em Richard Strauss. Algumas formalmente muito elaboradas, como a barroca "Never Gonna Dance", a-b-b-a-c-c-a, com seus curiosos períodos ternários, assimétricos.

Algo que se forjou nos *roaring twenties* entre Nova York, a Berlim do cabaré e Buenos Aires – sim, o tango argentino entra nessa – definiu-se na canção dos anos de 1930, a década talvez mais estranha, mais fascinantemente contraditória deste século. Nessa canção de origem clássico-romântica, de caráter tão marcante, única na música popular de nosso tempo, que se diluiria nos anos de 1940, com o Raksin da histórica "Laura", depois Mancini, Bacarach e a harmonia debussysta.

A mais forte influência, a germânica, vinha de longe, da opereta vienense; ouçam Victor Herbert. Ouçam mais adiante Richard Rodgers, na valsa do filme *Mississipi*, que também apresenta sua obra-prima brahmsiana "Easy to Remember", cantada por Bing Crosby. Essa valsa lembra Robert Stolz, Edmund Nick, compositores da velha UFA*. Cinema e musicais alemães e norte-americanos corriam paralelos, com influências recíprocas. Se a música de cabaré berlinense não teria sido possível sem o foxtrote americano e o tango argentino, a melodia da Broadway e de Hollywood não existiria também sem o *feedback* alemão, que lhe proporcionou toda a estrutura formal, harmônica e instrumental básica.

Em alguns casos diretamente pelas mãos de compositores imigrantes. Friedrich Hollaender, o rei do musical alemão dos anos de 1920, autor das músicas que Marlene Dietrich canta em *Anjo Azul*,

---

* Universum Film AG, nome da produtora estatal cinematográfica da Alemanha nazista (N. da E.).

torna-se um dos principais compositores da Paramount, nos anos 30, e compõe o clássico "Moonlight and Shadows", cantado por Dorothy Lamour em *Princesa das Selvas*. O brechtiano Kurt Weill, de "Der Loteriagent", comporá "Jenny", com letra de Ira Gershwin. Bronislaw Kaper, autor do popularíssimo "Auf wiedersehn, Herr Doktor", compõe depois sucessos norte-americanos como "Hi Lilly Hi Lo" e também o belíssimo "Gone, Like the Wind You are Gone". Autênticos americanos, agora. Com o nome corrigido para Frederick Hollander, com acento proparoxítono, esse mitológico compositor atingiria a perfeição do requinte melódico com "Whispers in the Dark", e "You Leave me Breathless", dois protótipos da canção norte-americana sofisticada, Schubert e Schumann de bermudas num *cocoanut grove* das praias ensolaradas da Califórnia, um toque ainda do expressionismo na "impressão" deixada pelo mar em ouvidos voltados para ilhas distantes.

É nesse momento que os compositores de Hollywood realizam aquele prodígio de antropofagismo em torno de uma passagem cromática que vinha de Mozart (exemplo A), uma cadência melódica dominante-tônica que encontramos inteirinha no paradisíaco (ex. B) quase um hino "Blue Hawaii", de Robin e Rainger, cuja letra continha o viniciano "the night is young". Esta passagem poderia ter variações, como em "In a Little Rendez-vous in Honolulu" (ex. C) e "Sweet Leilani" (ex. D). O centro nervoso está entre sol-fá sustenido-fá natural, clássico-romântico. Curiosamente essa passagem é a marca registrada tanto da admiravelmente artificial música havaiana composta por influência alemã nos Estados Unidos, como também da música popular germânica bávaro-tirolesa (ex. E). Compare tocada por guitarra havaiana e uqueleles, depois por uma banda alpina. A mesmíssima coisa completamente outra, em contexto diferente.

Quando esse processo evolutivo morre nos Estados Unidos, vai repercutir ainda em nossos colonizados ouvidos brasileiros, na música de um Garoto, Johnny Alf, de um Jobim, Menescal, nas praias cariocas. Bronislaw Kaper, júri num dos Festivais da Canção do Rio, gostou muito da bossa nova, reconheceu-a perfeitamente. Afinal, ele é um de seus avós distantes. O público norte-americano também a reconheceu.

E quando tudo parece acabar, o mar ainda traz de volta as últimas ressonâncias de longínquas paragens, e temos um "Dom de Iludir", de Caetano Veloso. E embarcamos em suas frases musicais, como num *surf*, se elevando e deslizando sobre tranquilas vagas, em direções imprevistas, num ritmo de mar. Pérola musical que bem poderia ser assinada por Frederick Hollander e cantada por Dorothy Lamour.

Viena, São Paulo, Anos de 1930[1]

De fato, para o músico, é comum a identificação de emoções musicais com não musicais, ou vice-versa. Um belo horizonte ao entardecer, após a tempestade, pode nos colocar no mesmo estado de espírito de tranquilidade bucólica a que nos transportam aquelas notas sol--dó-dó da trompa contra o fá dos celos, da conhecida passagem da "Sinfonia Pastoral", de Beethoven. Um sentimento de distância, paisagem, de tarde lavada, como diria Eça de Queirós. É aí que a música dá o seu recado. E por aí, vemos que a música acaba tendo um significado preciso, não comunica apenas as suas estruturas.

Lembro-me que os nazistas tentaram usar a música de Eisler para seus infames propósitos, com outras letras, e não deu certo. A música desse grande alemão falava para a consciência política dos operários, tinha outro gesto. Poderão argumentar: selvagens do interior da África entenderão nossa música como a entendemos? Naturalmente que não, sua linguagem musical é outra. Como também não entendemos nem a própria língua deles.

---

1 *Folha de S.Paulo*, 6 nov. 1983.

A música nos remete a imagens, as imagens nos remetem à música. Cortando os campos da Hungria, naquele trem mágico de 1959, eu não pensava em outra coisa que não fosse em Béla Bartók, naqueles mesmos campos, atrás do folclore autêntico. Na Praça Vermelha de Moscou, frente à catedral de São Basílio, pareceu-me ver uma multidão de gente esperando a carruagem de Golitsin, a caminho do exílio, na cena 2 do 4º ato de *Kovanshchina*, de Mussórgski.

Exatamente há um ano eu jantava num restaurante típico de Budapeste, o Szeged, na rua Bartók Béla n. 1 (ninguém esquece este endereço!), quando um grupo instrumental formado por violino, celo, baixo, clarineta e címbalo húngaro* começa a tocar. Foi uma emoção em cima de outra emoção. Reconheci praticamente todas as músicas. O violinista chegava perto de nossa mesa, envolvendo-nos com o calor das melodias, o címbalo húngaro naquela correria por baixo. Uma encenação clássica, mas que funciona, podem crer, pelo menos para quem foi habituado às danças húngaras de Brahms desde criança. Imaginem então para quem assistiu aos musicais alemães da UFA. A gente fica fascinado, nessa altura já bem embalado pelo sensacional vinho de mesa.

Era um ambiente muito íntimo; o violinista parecia conhecer todo mundo e pedia sugestões. Eu nem precisei dar, e ele já desfilava o fino do repertório dos anos de 1930. E sempre começava uma sequência nova com algo internacional mais moderno. Que loucura ouvir "The Shadow of Your Smile" à maneira zíngara! Um barato!

Há uma nostalgia, uma doçura, um poder de sugestão muito especial em certas músicas dos anos de 1920 e de 1930. Ainda há pouco vimos dois excelentes filmes que se valeram dessa música para situar bem uma determinada atmosfera. *Dulce Horas*, de Saura, teve como fundo a voz de Império Argentina cantando "Recordar". E o extraordinário *Mephisto*, que começa evocando o clima de um teatro de opereta dos anos de 1930, com uma das mais belas valsas que Marta Eggerth cantava nesse tempo.

---

* Instrumento de cordas percurtidas. Não confundir com o prato (N. da E.).

Um clima que me é muito caro e que eu senti agudamente no restaurante de Budapeste, ali em pleno coração da Europa Central. A alma, o espírito de uma época refletido em suas canções. Nas canções de um Frederick Hollander ("Ich bin von Kopf bis Fuss auf Liebe Eingestellt"), de um Mischa Spoliansky ("Leben ohne Liebe"), cantadas pela Marlene Dietrich ainda do cinema alemão. Do mesmo Spoliansky, "Heute Nacht oder nie", cantada por Jan Kiepura em *Das Lied einer Nacht*, que também cantou a famosa "Oh Marita", de Robert Stolz, em *Mein Herz Ruft Nach Dir*. E outras canções de Franz Grothe, Istvan Kokay etc., cantandas por Kiepura e sua mulher Marta Eggerth, a mais simpática e querida dupla do "Gesang film" alemão.

Um mesmo filme, *Das Hofkonzert*, apresentou duas músicas, para mim as mais belas de todo esse momento, cantadas por Marta Eggerth: a famosíssima "Denkst du nie da-ran", ou "Valse Triste", como ficou mundialmente conhecida, de Ferenc von Vecsey, e "Wunderschön ist es, verliebt zu sein", do grande Edmund Nick. Esta última me arrepia, quando ouço: é todo um mundo que passou, numa só canção. A porta que abrimos naquele hotel "iluminado" de Kubrick, está tudo ali: *O Congresso se Diverte*, Lilian Harvey, Henri Garat, mais distante a enigmática beleza de Lida Baarova, em *Barcarola*.

Encontrei tudo agora, tudo mesmo, nas lojas de discos de Viena, inclusive um histórico álbum duplo com a fase de ouro das Berliner Revuen, entre 1927/1932. A Berlim do cabaré, dominada pelas revistas de Hal Haller, Rudolph Nelson e Mischa Spoliansky, este último já lançando Marlene Dietrich em 1928, nos musicais onde Josef von Sternberg foi descobri-la para o cinema. Hollander e Spoliansky, dois nomes que ficaram entre os compositores. E os das orquestras de Dajos Béla e Marek Weber, do pianista Peter Kreuder, o notável arranjador de "Ich Spür in Mir", cantada pela Pola Negri. Quem tiver dúvida, pare alguém no Viaduto do Chá com o ar de mais de sessenta anos e pergunte por todos esses nomes. Eram populares entre nós, pelo menos aqui em São Paulo.

Essa foi a música que ouvi quando era menino, no rádio, no cinema. Numa cidade cosmopolita como era São Paulo, sem folclore brasileiro. Cidade um pouco húngara, um pouco alemã, russa, italiana, nada norte-americana, ainda. Cidade das verdadeiras confeitarias vienenses, com trio de cordas e piano, do famoso Bar e Restaurante Bucsky, na av. São João, com orquestra zíngara, do Bar Rostow, na Barão de Limeira, com orquestra de balalaicas, do Deutsche Bier Keller, no edifício Martinelli.

Tudo isso se sobrepunha, se identificava na minha cabeça. E mais o "Graf Zepelin", e, depois, o "Hindenburg", os dois mais famosos dirigíveis do século, alemães, sobrevoando São Paulo e as praias de Santos. E – pasmem, meus senhores – a própria Marta Eggerth num camarote do Teatro Coliseu de Santos, aplaudindo seu marido Jan Kiepura, no final de "La Bohème". É parte de mim, do meu gosto, da minha educação sentimental.

Sistema Tonal Escandalizava Vanguardas[1]

A Sociedade Internacional de Música Contemporânea (SIMC) realiza anualmente uma grande mostra musical, desde 1922, quando foi fundada pelo compositor e musicólogo dr. Egon Wellesz, pelo pianista dr. Rudolph Réti, contando com o apoio, logo em seguida, do compositor Arnold Schoenberg. A jornada inicial teve mais um doutor como "Protektor", o dr. Richard Strauss. Dias históricos, entre 7 e 10 de agosto. Como cenário, a Grossen Saale des Mozarteums de Salzburgo. Ecos diretos ou indiretos da Escola de Viena, as mostras seguintes definiram-se pela vanguarda musical, com destaque para a obra de Schoenberg, Webern, Berg, Eisler. De Salzburgo, Viena, Graz, o festival passa a correr o mundo, e neste ano de 1982 voltou ao país de origem, à tranquila e bucólica cidade de Graz, entre 30 de outubro e 4 de novembro, ocupando as três salas do Grazer Congress, terminando dia 5 de novembro no célebre Konzerthaus de Viena.

Foi uma gigantesca mostra, com música ao vivo de manhã, à tarde e à noite, reunindo desde uma interessante retrospectiva das primeiras obras de Boulez, Stockhausen, Nono, Berio, Pousseur, Ligeti, Cage, até

---

1 *Folha de S.Paulo*, 9 jan. 1983.

obras muito recentes de Mauricio Kagel e Dieter Schnebel; com homenagens aos históricos Stravínski, Krenek, o maravilhoso Silvestre Revueltas (cuja música teve de ser bisada) e Schostakóvitch (um delicioso arranjo seu da popular canção norte-americana "Tea for Two").

Por falar no mexicano Revueltas, a música eletroacústica latino-americana teve especial destaque através de uma retrospectiva que apresentou obras de Jacqueline Nova (Colômbia), Fernando Condon, Coriún Aharonián, Graciela Paraskevaidis, Conrado Silva de Marco (Uruguai), Joaquín Orellana (Guatemala), Alfredo Rugeles (Venezuela), Sergio Prudencio (Bolívia), Eduardo Bértola, Hilda Dianda, Eduardo Kusnir, Oscar Bazán (Argentina). O Brasil foi representado por uma obra minha para saxofone alto e piano, "Saudades do Parque Balneário Hotel", e uma obra de Jorge Antunes, "Três Impressões Cancioneirígenas", um trio instrumental com algum teatro musical que deixou a melhor impressão na seleta audiência.

Seleta, de fato, composta basicamente pelos compositores e intérpretes presentes ao Festival, mais alguns poucos especializados no assunto, da própria cidade, e críticos de jornais e revistas europeias. E assim mesmo, não deu para lotar as salas, a não ser quando apresentaram o "Quintet" de Sonny Rollins e outro jazzista famoso, Max Roach. Vale dizer, quando foi ouvida a música popular.

Ficou assim mais uma vez comprovada a "impopularidade" da música erudita contemporânea em suas pesquisas estruturais individualistas, decorrentes de estéticas privadas, que nada dizem ao grande público, que desviam a música de sua verdadeira função, que é a função social.

Música de uma elite musical, feita de compositor para compositor. Nem vale a pena arrolar aqui a infinidade de novos epígonos que insistem em continuar falando para si próprios em sua insignificante solidão musical neurótico-depressiva, avessos ao coletivo, ao social, à fala dentro de um sistema comum de referência, ou seja, à comunicação humana. Em vez de aperfeiçoar as grandes formas musicais comuns, preferem curtir exterioridades, novas propostas semióticas, metalinguísticas, enfim, coisas de intelecto, coisas de inteligência. Coisas de uma casta privilegiada, a classe do artista intelectual.

Para citar um só exemplo, o compositor suíço Christoph Delz, não contente com os intermináveis "suspiros" orquestrais de sua peça sinfônica "Die Atmer der Lydia", acrescentou alguns disparos de revólver como percussão, um negócio mórbido, do mais baixo astral. No entanto, trata-se de um jovem simpático, com excelente currículo de estudos e evidentes qualidades musicais. Sonha em conhecer a ensolarada América Latina. Oxalá realize esse sonho, para seu próprio bem. Já a norte-americana Bunita Marcus conseguiu transcender o formalismo repetitivo-minimalista de sua peça "Two Pianos and Violin", revelando incomum e poderosa força de expressão genuinamente musical. Uma das mais autênticas e sérias personalidades musicais presentes ao festival, Bunita Marcus teve sua obra vaiada pelo público! Entenda-se...

"Furst Igor, Strawinsky", de Mauricio Kagel, e "Thanatos Eros II", de Dieter Schnebel, foram as peças mais apreciadas pela velha guarda vanguardista. Não nego o interesse que possam despertar, mas reconheci nelas algo daquela música que eu diria feia e descosida que vem sendo atualmente cultivada pelos continuadores do espírito de Darmstadt. Curioso lembrar que Boulez, Stockhausen e seus companheiros souberam ser belos e expressivos em seu devido tempo.

Mas, por falar em beleza musical, o festival dedicou uma noite inteira à prodigiosamente bela e comunicativa música de Colon Nancarrow, cidadão mexicano nascido nos Estados Unidos, que vive na Cidade do México desde o fim da guerra civil espanhola, da qual participou como voluntário nas brigadas internacionais antifranquistas. Agora com setenta anos, teve finalmente reconhecida a importância de sua obra para pianolas – trabalho de compressão, alargamento, sobreposição, cânones, modificação de andamentos de fragmentos rítmicos de origem popular – depois do interesse despertado em John Cage e agora em György Ligeti, que fez a apresentação e análise de todas as peças ouvidas em gravação, na presença dele, um pouco sem jeito frente a essa badalação e celebridade tardias. O trabalho inventivo de um artista que sempre manipulou elementos musicais comunicativos, como um Bach contemporâneo. Enquanto Ligeti, por exemplo, vem declarando que não sabe mais o que fazer.

Todo esse quadro contraditório do festival foi sintomático de uma crise da música contemporânea profeticamente analisada por Hanns Eisler nos anos de 1930, que chegou a um ponto agudo, com a apresentação, pela primeira vez nesse tipo de festival, da música politicamente engajada. O jovem e esclarecido compositor austríaco Wilhelm Zobl teve a coragem, como um dos organizadores do festival, de acrescentar obras do chileno Sergio Ortega, do grego Thanos Mikroutsikos, do inglês Cornelius Cardew, do norte-americano Frederic Rzewski, todas desafiadoramente tonais, de origem popular/operária. O resultado foi espantoso: compositores se retirando da sala, protestando – entre os quais o famoso Friederich Cerha, que orquestrou o ato final de *Lulu*, de Alban Berg –, vociferando pelos corredores, alguns se declarando esbofeteados por aquele tipo de música novamente melodiosa e expressiva. Era a vanguarda agora conservadora, proprietária de uma estética, escandalizando-se, sentindo-se insegura, ameaçada por algo de novo que pressente surgir, reagindo como os burgueses que ela escandalizara no passado. A história avança seu carro, doa a quem doer...

Um Belo Termômetro da Produção Atual[1]

... a revelação de um senhor pianista, Paulo Sérgio Guimarães Álvares, vulgo Paulo Bartók, e, mais ou menos pela ordem, o surpreendente humor político de Paulo Affonso de Moura Ferreira em "Timepiece", do latino-canadense Udo Kasemets; o amor sincero de Eládio Pérez-González à música brasileira, a Gabriel Fauré, sessenta anos de sua morte, a Charles Ives, trinta anos, acompanhado pela suave Berenice Menegale; e por falar em morte, a lembrança de Klaus-Dieter Wolff, há dez anos entre os anjos renascentistas; a técnica composicional derivada da síntese digital em Alcides Lanza, Harry Kischner e John Celona, o profissionalíssimo Lanza, argentino-canadense, na rapidíssima montagem de suas "Interferences III" e do delicioso *Canibal Caliban*, teatro musical do texano-porto-riquenho Francis Schwartz, ainda Lanza na histórica "Música 1946", de Juan Carlos Paz, que antecipa jogadas de Stockhausen e Boulez; a música contemporânea de Lisboa pelo seu mais famoso grupo instrumental, dirigido por Jorge Peixinho, Lisboa à beira do Reno, em ritmo de Tristão e Isolda; a intelectual e estrutural música política de Luca

---

1 *Folha de S.Paulo*, 2 set. 1984.

Lombardi, a seriedade do Nexus mais Beatriz Roman na interpretação dessa sua música; o maravilhoso pianista suíço Werner Bärtschi no incrível "Van Horn Boogie", de Steve Ingham, que ele tocou; o maestro Eleazar de Carvalho com a Sinfônica Estadual pela primeira vez em nosso festival, numa concentração de nomes históricos, Koellreutter, Santoro, tudo ali no Teatro Municipal Brás Cubas; o curioso que foi a velha música de um compositor quase anônimo, Vicente Greco, com mais de 76 anos, vivendo ignorado em Santos, compondo obstinadamente oito horas por dia, a discussão muito louca sobre essa sua música tonal, na rua gelada, parecia um conto de Borges, um mendigo dormindo ao relento levantava às vezes o cobertor para ver o que se passava; as presenças indispensáveis do percussionista John Boudler, de Conrado Silva no controle eletroacústico, da veterana Ula Wolff; a pouco conhecida música composta para crianças por Stravínski, Webern, no interessantíssimo programa do norte-americano Michael Cherry; a sempre presente Terão Chebl tocando Arrigo Barnabé e o argentino Luis Jorge Gonzalez, desconhecido no Brasil.

O ponto alto do 20º Festival Música Nova de Santos? Luca Lombardi cantando no palco "Avanti Popolo Alla Riscossa", para dar o tema de suas variações para piano. Uma italiana que traduzia suas palavras ajudou a lembrar os eventos da época e o significado desse hino operário italiano, e daí a pouco estávamos em pleno clima do filme *Os Companheiros*, com Marcello Mastroiani. Noutro dia também a coisa quase vira comício, durante a execução de "Vila Socó Meu Amor", "Mamãe Eu Quero Votar" e "Enigmao", modestamente, obras minhas.

Não é de hoje que o Festival santista vem mostrando a música politicamente engajada, entre as correntes diversas que caracterizam a música de nosso tempo. Já em 1976 lembro-me de ter feito talvez a primeira palestra no Brasil sobre Cornelius Cardew, aproveitando um disco que o compositor espanhol Juan Hidalgo me havia enviado com os "Four Principles on Ireland and Other Pieces". Em 1977, fizemos um fragmento de uma cantata de Hanns Eisler, "Das Grosse Rom", sem podermos traduzir o texto, porque havia um policial que acompanhava nossos concertos. No ano passado o austríaco Zobl dirigiu pessoalmente sua cantata operária.

Em meio a acirradas polêmicas, pronunciamentos, debates, o festival seguindo seu curso como verdadeiro termômetro da música contemporânea, refletindo as diversas fases pelas quais ela vem passando, desde o serialismo integral até a música que utiliza os "mixed media", o repetitivo, o minimalismo, a intuição, a ação teatral, a computação digital e, mais atualmente, novamente os códigos comuns de comunicação musical que permitam uma música socialmente funcional. Sem preconceitos, mostrando todas as tendências na plenitude de suas contradições, sempre procurando o novo, mas um novo que possa contribuir para a conquista de uma sociedade justa. Um novo que bem pode vir a ser no futuro a síntese de Schoenberg e Schostakóvitch, os dois polos em mais evidente oposição dialética dentro da música de hoje. Schoenberg e Stravínski são duas faces de uma mesma realidade. Mostremos também outra realidade. É o que acaba de fazer mais uma vez o 20º festival santista.

Grécia Discute Pós-Modernismo Musical[1]

O arquiteto norte-americano Philip Johnson, famoso, entre outras coisas, pelo estranho e colossal prédio que projetou recentemente para a AT&T em Nova York, afirmou que, nessa sua nova fase, ele está brincando. Delicioso "sense of humour" de quem, com mais de oitenta anos, em plena glória profissional, muda para uma nova fase, divertindo-se com o domínio absoluto das diferentes linguagens de seu *métier*. Uma postura singular, em que me parece estar retratada toda a questão do pós-modernismo, no momento tão discutida, e discutível, frente às perspectivas desconcertantes da arte de nossos dias.

A discussão chegou à música pegando de surpresa musicistas europeus e americanos convidados para tomarem uma posição, na leitura de seus *papers*, diante da problemática do "Pós-Modernismo na Música", tema de um simpósio realizado agora em agosto na velha Grécia durante o 1º Festival de Patras. A maioria deles, era visível, nunca tinha pensado no assunto – somos músicos, não temos tempo para filosofias vãs – e teve de se informar às pressas, lendo Lyotard e outros *experts*. Inclusive eu mesmo, que acabei ficando espantado

---

1 *Folha de S.Paulo*, 7 set. 1986.

ao verificar que tenho sido sempre um pós-moderno, ou seja lá que nome possa ter o fenômeno, no meu *make it new* à brasileira.

A minha responsabilidade foi grande, como um dos dois únicos representantes da América Latina. O outro, Sergio Ortega, chileno banido – célebre pelas suas canções "Venceremos" e "O Povo Unido Jamais Será Vencido" – não teve tempo para ler seu informe, atrapalhado com os ensaios de sua impressionante obra *La Dignidad*. Coube, portanto, só a mim a descrição desse possível quadro pós-moderno na música do Terceiro Mundo, cobrado a nós pelo organizador do Festival, o compositor Thanos Mikroutsikos. Na verdade, senti-me até autorizado, pela vivência que tenho tido como organizador do Festival Música Nova de Santos, há 24 anos, como docente em diversos Cursos Latino-Americanos de Música Contemporânea, e como professor visitante, sob os auspícios da Fundação Tinker, na Universidade do Texas, em Austin, dando aulas sobre nossa música.

Posso assim assegurar que algo me liga aos "divertimentos" arquitetônicos de Philip Johnson, quando componho peças como *Beba Coca-Cola*, *Santos Football Music*, ou mesmo o *Longhorn Trio* tocado em Patras. Ao mesmo espírito se liga ainda o cubano Leo Brower quando "mixa" o passado e o presente em sua música para servir o socialismo. E certos caminhos, nos Estados Unidos, de George Crumb, ou do ex-*taxi driver* Philip Glass, este retomando descaradamente a periodicidade, em reação a Cage. Curioso, mas em países onde o negro está presente. Argentina, Uruguai, México, de linhagem espanhola, continuam puritanos em seu modernismo. Veja-se a posição intransigente de Coriún Aharonián, mentor intelectual dos Cursos Latino-Americanos.

Nós somos mais impuros em nossa arte, mulatos, "dirty". Dentro de uma tradição de pluralismo, sincretismo e ecletismo, principalmente no Brasil. "Beleza também é função" (Niemeyer, 1942). A prolixidade em Villa-Lobos, que Messiaen tanto admira. O antropofagismo. Tanto aqui como nos Estados Unidos, apesar de nossas "diferenças". Agora em Patras, o norte-americano Lejaren Hiller e eu nos sentimos unidos frente aos europeus: ele, o pai da música feita com computador, eu, um modesto compositor instrumental. Hiller vibrou quando comparei Charles Ives a Villa-Lobos, como verdadeiros pós-modernos *avant la lettre*. Depois veio falar comigo, de sua admiração pelos "choros" de Villa. Uma tolerância dele bem pós-moderna, se considerarmos que parte de um compositor para quem arte e tecnologia são a mesma coisa.

Resumidíssimo, esse foi o recado que procurei dar e, como exemplo, a minha própria tentativa de articular agora numa real linguagem tudo aquilo que fora, na minha própria música, colagem, citação, paródia, *kitsch*, metalinguagem. E a experiência baiana de Lindenbergue, Widmer, Paulo Lima, a de Krieger, Jorge Antunes, Almeida Prado, talvez Marlos, Aylton, e os novos, Ronaldo Miranda, Rodolfo Coelho, Roberto Martins, Gil Nuno Vaz. Compositores que conheço melhor.

Essa abertura assim chamada pós-moderna é fácil, quase natural para os compositores do Novo Mundo. Já para o Velho, traz problemas de consciência. Reagir ao Bauhaus, a Darmstadt! Estou pensando em Henri Pousseur, conciliando atualmente em sua música estruturas do rock e da *neue Musik*, da qual foi um dos papas teóricos. Que virada, senhor Pousseur! Já o fabuloso pianista e compositor norte-americano Frederic Rzewski, assim como o chileno Sergio Ortega, não vacilam em assumir a discursividade mais descabelada.

E o grego Thanos Mikroutsikos, mais mediterrâneo, reforça-se tranquilamente no popular, acostumado que já estava desde o tempo de sua estreita colaboração com o teatro de Melina Mercouri e Jules Dassin. Enquanto o austríaco Wilhelm Zobl, sem perceber que é um autêntico pós-moderno, ataca essa estética como conformista, a serviço da classe dominante (como se as outras não estivessem!). Luca Lombardi, do Partido Comunista Italiano, volta-se tardiamente para Webern e se escandaliza com a impureza do ecletismo pós-moderno.

Pena que não ouvimos a palavra de Pousseur, grande cabeça, que não pôde comparecer. Muito interessante a intervenção do holandês Louis Andriessen, que chegou à conclusão de que o pós-modernismo é a vanguarda de hoje; e o modernismo é história. Também participaram Nicolau Huber (Alemanha), Joanna Bruzdowicz (Bélgica), K. Sfetsas, T. Antoniou, D. Maragopoulos, G. Zervos, H.

Xanthoudakis (Grécia), F. Schenker (Alemanha), Hugh Wood (Inglaterra), Ivan Patachich (Hungria) e outros. A música de todos foi tocada por excelentes intérpretes, entre os quais o já mitológico Frederic Rzewski.

Tudo aconteceu ao ar livre; não chove nunca no verão grego. Dois pianos de cauda dormiam ao relento. E as discussões do simpósio continuavam depois peripateticamente como queria Aristóteles, pelos passeios à sombra das árvores, entre as muralhas do velho castelo de Patras. Do outro lado do Golfo, o caminho para o oráculo de Delfos.

Stockhausen e a Neue Musik Brasileira[1]

Devo a uma jovem alemã, muito loura, uns dezenove anos, o meu primeiro contato com a obra do compositor Karlheinz Stockhausen. Ela era balconista de uma pequena loja de música na Uhlandstrase – travessa da famosa Kurfuerstendham, na Berlim Ocidental – quase em frente à Pension Constanze, onde eu estava hospedado. A loja tinha me chamado a atenção e um dia entrei nela, atraído por um pressentimento. Fui direto à jovem: "Quero que você me veja partituras e discos de um compositor que você", e a apontei com o dedo, "considere o melhor, o mais representativo da nova geração, da nova música alemã." Ela não teve a mais leve dúvida. Imediatamente tirou das prateleiras e me entregou as "Klavierstüeke 1-4", "Kontra-Punkte" (edições Universal) e um disco que continha os "Studie 1", "Studie 2", mais o "Gesang der Jünglinge" (Deutsche Grammophon), tudo de Stockhausen. O nome eu já conhecia, de alguns artigos lidos sobre a música europeia do pós-guerra. Mas era a primeira vez que eu tinha obras de Stockhausen em minhas mãos; era a posse da chave de um segredo. Senti uma emoção, a certeza de estar vivendo um

---

1 *Folha de S.Paulo*, Folhetim, 15 jul. 1988.

momento depois do que as coisas seriam fatalmente diferentes em minha música.

Estávamos em 1959, eu vinha de uma viagem política, Festival da Juventude em Viena, oito dias em Moscou, chegando, via Varsóvia, a uma Berlim ainda sem o muro. E começava, naquele instante, outra peregrinação, que incluía agora a busca da *neue Musik*, que sabia estar sendo feita no velho mundo. Em Paris achei um disco com o "Kontra-Punkte", e também "Le Marteau sans Maître", de Boulez, "Incontri", de Luigi Nono e a partitura do "Marteau". De volta ao Brasil, o estudo desse material, de mão em mão entre eu, Willy Corrêa de Oliveira e Rogério Duprat, iria ser o ponto de partida para uma *neue Musik* brasileira. Analisávamos tudo, discutíamos tudo, autodidatas; e passamos a compor num estilo influenciado por Stockhausen e Boulez (à sua maneira, complexa e intelectualizada), que pretendíamos fosse o projeto, para nosso país, de uma linguagem musical atualizada. Reação ao eterno nacionalismo tacanho dominante. Quatro anos depois, em 1963, depois de uma viagem a Darmstadt, lançamos nosso "manifesto música nova", na revista *Invenção*, da poesia concreta.

Fez 25 anos agora, em junho, esse manifesto, e, por coincidência, Stockhausen anda por aqui, dando concertos no Rio. Muita coisa se escreverá sobre ele. Acredito que, da minha parte, o melhor com que posso contribuir são essas recordações do que Stockhausen significou para o nosso movimento, principalmente para mim. Estranho como nada me leva, dessa vez, ao Rio para ouvi-lo, revê-lo. E já atravessei duas vezes o oceano, de navio, para assistir aos seus cursos em Darmstadt. Confesso que sua influência foi decisiva, a maior de todas, para a música que me propus a compor, naquela virada total que dei, no começo dos anos de 1960.

De nosso grupo, eu era o mais interessado na música de Stockhausen. Alguns companheiros faziam restrições, ou à sua frieza germânica, cerebralismo, ou à assepsia demasiadamente laboratorial dos seus métodos composicionais. Um amigo pintor chegava a considerá-lo charlatão. Eu não achava nada disso. Aquela aparente frieza continha, para mim, um pulsar, um elã que eu percebia proveniente de Schumann, Beethoven, Bach, um sopro romântico até desvairado, em sua agitação pontilhista, dentro de um devir muito especial da música alemã, que muito me agradava; me deslumbrava a plasticidade da massa sonora, o vigor dinâmico, a vertiginosa mobilidade rítmica, a dureza, o rigor de pedra da construção, como em Bach; e a gravura abstrata da notação disso tudo.

Era espantoso aquele primeiro compasso da "Klavierstück n. 1", em seu absurdo rítmico, um passo à frente da complexidade rítmica da "Sagração" de Stravínski. Duas escritas históricas, duas etapas. Deixava-me perplexo seu desafio: aquele compasso praticamente era impossível de ser tocado, mas estava ali, para quem tivesse a ousadia. E também me fascinavam os deslizamentos de blocos sonoros estáticos em meio ao pontilhismo dos outros instrumentos, nos "Kontra-Punkte": ouçam o fagote bem no grave mais o violoncelo (compasso 15), o trompete e piano (compasso 59), diminuindo para um pianíssimo "tutti" (compassos 64/5), e a magistral cadência do piano em seguida. Poucos *flashes*, como esses iluminaram caminhos para minha música, aqueles caminhos que Anton Webern já esboçara. E tinha ainda o "Zyklus", "Zeitmasse", o "Refrain", com sua bela partitura circular, aquela régua mágica, determinando a execução. Guardo com cuidado uma partitura do "Refrain" com autógrafo do mestre.

Foram essas as obras de Stockhausen que nos marcaram, pelo menos me marcaram, muito. Eram as que ele já havia composto. Em 1962, eu, Willy e Rogério fomos participar dos "Ferienkurse fuer neue Musik", de Darmstadt. Não me esqueço de uma aula que Stockhausen deu especialmente para uns poucos de nós que não entendíamos alemão. Pedimos que resumisse em inglês o que vinha falando para o grande auditório, no meio do qual se encontravam nomes como Frank Zappa, Maurice Jarre, Penderecki, ainda ilustres desconhecidos. Ele passou pacientemente uma tarde inteira numa sala pequena, de chinelos (era tudo muito íntimo, dormíamos, comíamos, tínhamos aulas, professores e alunos, tudo num mesmo edifício, em Marienhoehe), explicando o seu pensamento musical, que nessa altura já era outro. John Cage passara por Darmstadt dois anos antes e estremecera os alicerces da *neue Musik* alemã, afetando notadamente Stockhausen. Com a humildade de todo grande artista, ele se deixou tocar pela mensagem "zen", pelas "parábolas" de Cage, "estou aqui e não tenho nada a dizer", frente a eles, compositores europeus que produziam (palavras do jovem compositor Tato Taborda) toneladas de ideias e teorias em quilômetros de discurso. Era o sinal verde para o poderoso intuitivo que Stockhausen demonstraria ser nos anos seguintes.

Em 1968 fui novamente a Darmstadt e ouvi uma das raras audições totais dos *Hymnen*, com todos os ingredientes (*tapes*, instrumentos, o compositor ao potenciômetro), a mais extraordinária obra eletroacústica já composta. E ainda acompanhei a "construção" da "Música Para uma Casa", feita por Stockhausen e seus alunos, entre os quais os compositores Jorge Peixinho, Rolf Gehlhaar, Mesías Maiguashca, Costin Miereanu e outros. E em 1980 vi Stockhausen pela última vez, quando, curiosamente, fui apresentado a ele pelo produtor de uma mostra de música brasileira que estava sendo feita pela orquestra da West Deutsche Rundfunk, de Colônia. Eu me encontrava no *lobby* da rádio, esperando pelo ensaio de minha obra, quando Stockhausen entrou. Tivemos aquele papo formal, pós-apresentação.

Fomos também os pioneiros na divulgação da música de Stockhausen no Brasil. Em 1960, num Festival de Música de Vanguarda que organizamos com apoio da Orquestra de Câmara de São Paulo e 6ª Bienal, no Teatro Cultura Artística (televisionado pela antiga TV Excelsior, e com cartaz de Décio Pignatari, em forma de poema concreto), fizemos o pianista Gilberto Tinetti tocar a "Klavierstück n. 11". Foi a primeira vez que se tocou Stockhausen entre nós. Muitas outras se seguiriam no Festival Música Nova de Santos. Uma das poucas realizações integrais no mundo todo de *Aus den Sieben-Tagen* (também nesse festival, durante sete dias, com jejum e tudo) foi feita em 1972 pelos alunos do Departamento de Música da ECA-USP, sob direção do Willy Corrêa de Oliveira. Stockhausen chegou a saber desse feito memorável através de Delamar Alvarenga, atualmente regente na Ópera de Regensburg.

A importância de Stockhausen para os compositores de nosso movimento foi somente no período em que praticamos o serialismo integral. Depois partimos para outras experiências, com a poesia concreta, meios mistos, *happenings*. Mas de uns anos para cá tenho composto muita música instrumental em que ainda poderão ser ouvidos ecos, transfigurados, das estruturas musicais que tanto me impressionaram naquelas duas velhas obras de Stockhausen, a "Klavierstück n. 1" e "Kontra-Punkte". Ficaram em mim um modelo, um sentimento, um significado também ligado a uma Berlim ainda semidestruída pela guerra. Por isso tive muita comoção quando vi num filme de Van Ackeren, *Mulher em Chamas*, uma placa de esquina com o nome "Uhlandstrasse". Mathieu Carrière e Gudrun Landgrebe iam pela Kurfuerstendham (música de fundo do magnífico Peer Raben), e era só eles dobrarem à direita, naquela esquina, e a pequena loja de música poderia estar ali, ainda.

Sergio Ortega é Destaque
Entre Latino-Americanos[1]

O que vemos na música erudita latino-americana contemporânea é bem um reflexo da pobreza, da luta pela sobrevivência no Terceiro Mundo: músicos se desgastando em aulas mal remuneradas, compositores em quase anonimato ou no exílio, somente uns poucos, com mais sorte, lecionando em universidades; e sempre a presença daquele velho dilema, ser fiel às raízes, engajado, ou aberto à "livre iniciativa" estética. Raramente um evento, uma reunião para discutir os problemas.

O compositor Claudio Santoro fez uma, no Rio de Janeiro, em 1968. Madri chegou à terceira, em 1970, com seu Festival de América y España. Os itinerantes Cursos Latino-Americanos de Música Contemporânea, nascidos no Uruguai, encerraram melancolicamente neste ano suas atividades. E o Festival Música Nova de Santos, São Paulo, continua fazendo o que pode.

Nesse quadro de decadência, Belo Horizonte deu um novo alento, em dezembro, com seu 2º Encontro de Compositores Latino-

---

1 *Folha de S.Paulo*, 26 fev. 1989.

-Americanos, trazendo dessa vez alguns dos mais importantes, inclusive o mitológico Sergio Ortega, chileno exilado em Paris.

O Lendário Ortega

A promoção foi da Fundação de Educação Artística e do Centro Latino-Americano de Criação e Difusão Musical, de Belo Horizonte, e teve patrocínio do Ministério da Cultura. Presentes à abertura o ministro da Cultura e o diretor do Instituto Nacional de Música, compositor Edino Krieger. Por trás de tudo, as mãos incansáveis de Berenice Menegale – hoje secretária da Cultura do novo prefeito – na coordenação geral e também ao piano, à noite.

Apesar de toda pompa e circunstância, este 2º Encontro de Compositores Latino-Americanos não deixou de ser mais um evento quase anônimo, para não fugir à regra. Acredito que o noticiário a seu respeito ficou limitado a Minas Gerais. A mídia não perde tempo com o que não dá lucro. Mas às vezes não sabe o que perde.

Deixou de entrevistar o lendário Sergio Ortega, companheiro de Allende nas lutas chilenas pelo socialismo, um dos três maiores compositores da canção de protesto no continente, ao lado de Daniel Viglietti e Victor Jara. Sergio Ortega é o autor das famosas "Venceremos" e "O Povo Unido Jamais Será Vencido" – esta última mundialmente cantada e adaptada a lutas locais, com gravações até da Banda do Exército Vermelho, e tema de impressionantes variações para piano do igualmente já mitológico compositor norte-americano Frederic Rzewski.

Engajado e Experimental

Além de grande melodista popular – ouça "Ya Parte el Galgo Terrible", texto de Neruda, cantada por Jara, em disco lançado no Brasil – Ortega pertenceu ao movimento de música de vanguarda de seu país. Aderiu posteriormente à música politicamente engajada, mas não renunciou às técnicas cerebrais, quando compõe de forma experimental.

Conforme declarou nos debates de Belo Horizonte, ele pretende recuperar a comunicação com o público que a música erudita sempre teve no passado e perdeu nos dias de hoje. Seu renome e competência valeram-lhe o cargo de diretor do Conservatório Musical de Pantin, velho reduto comunista de Paris, de Aragon e Elsa Triolet.

Sergio Ortega está terminando a última de três óperas comissionadas por três municípios ao redor de Paris. A primeira, *Messidor*, estreada em outubro do ano passado, encomenda do município de Argenteuil; *Le Louis perdu*, estreada dia 12 último, encomenda de Pantin; e *Contes de Aubervilliers*, encomenda deste município, a ser estreada em 26 de maio.

Além de uma trilogia sob o título geral de *Les Sans culottes*, comemorando o bicentenário da Revolução Francesa. Óperas populares, representadas nas ruas, com a participação de quinhentos comediantes, cantores e músicos profissionais e amadores, autêntica performance de vanguarda dentro de uma tradição medieval de teatro de praça, ao ar livre.

Ortega teria gostado de ver a Beija-Flor desfilando no Rio. Conheci Ortega em festivais europeus, quando ele me deu as partituras de *La Dignidad* (textos inclusive de depoimentos de torturados) e *Cantos del Capitán* (texto de Neruda).

Outros Destaques

Outra ilustre presença no Encontro foi a de Héctor Tosar, o maior nome da música uruguaia, figura humana admirável, que fez a saudação em nome dos colegas. Ele próprio, ótimo pianista, tocou suas "Tres Piezas" e "Sul Re". E também Mario Lavista, que poderíamos definir como um Octavio Paz da música mexicana, pela finura e intelectualização de sua obra.

Destacaram-se ainda os argentinos Mariano Etkin e Dante Grela, o uruguaio-brasileiro Conrado Silva, os argentino-brasileiros Rufo Herrera e Eduardo Bértola (vivem em Belo Horizonte) e o cubano Carlos Farinas. Não puderam comparecer outros nomes significativos, como o boliviano Alberto Villalpando, o peruano Edgar Valcárcel, o cubano Leo Brouwer, o mexicano Manuel Enríquez, o paraguaio Luis Szarán.

Paraguai e Brasil

O Paraguai foi representado por musicistas bem jovens, Rocio Angelita Scolari e Saul Gaona, e pela música de Nicolás Pérez González (outro exilado em Paris) cantada pelo seu irmão Eládio. É importante darmos força, falarmos do Paraguai neste momento em que seu povo se libertou de Stroessner e procura um espaço entre nós.

Entre os compositores brasileiros, desde Santoro, Jamary Oliveira, até os mais novos, como o mineiro Eduardo Guimarães Álvares e o goiano Estércio Marquez Cunha. Sentimos a falta do professor Koellreutter.

Muro de Lamentações

Encontro de artistas latino-americanos é sempre um muro de lamentações: constatação da crônica falta de dinheiro, de apoio e outras choradeiras. Este não fugiu ao hábito, mas teve de positivo a resolução de procurarem organizar de fato um intercâmbio em cima dos relacionamentos pessoais já existentes, torná-los como que semioficializados, do conhecimento e proveito de todos, base para futuros entendimentos; e a conscientização da necessidade de uma mútua cooperação, principalmente no sentido de que esses relacionamentos naturais, como verdadeiros *lobbies*, possam vir a fazer pressão conjunta sobre os meios de apresentações musicais, para que programem sempre nossa música.

As linguagens musicais ouvidas mostraram um Brasil mais eclético, na sua linha sempre antropofágica, e os outros países, de origem espanhola, ainda sob certa influência da *neue Musik* darmstadtiana, mais "europeus".

A saída para os que pretendem maior notoriedade continua sendo a mudança de nacionalidade. O argentino Alcides Lanza naturalizou-se canadense; o equatoriano Mesías Maiguashca, alemão;

e o portenho Mauricio Kagel tornou-se um dos dois maiores nomes da música alemã, junto com Stockhausen. Não é o caso de Ortega, firme em seu propósito de voltar ao Chile, onde, segundo disse com nostalgia, está toda a sua memória.

São nomes, todos esses aqui citados e selecionados pelo seu interesse na invenção de novas linguagens, que aconselho guardar na lembrança, diante da escassez de informações sobre a música latino-americana de hoje.

Melodia da Broadway[1]

"Você se lembra do Raul Roulien?", perguntaram-me outro dia, quando entrava na redação de um jornal santista. "Não vão me dizer que ele morreu…", e já fiquei chateado. Mais um que morria sem que eu tivesse conhecido pessoalmente. Por pouco perdi a chance de estar com Mário de Andrade, Stravínski, Juan Carlos Paz; cheguei sempre tarde, velhos ídolos. "Ele acaba de sair daqui, deve estar ainda no elevador, corre lá, vamos…"

Não era possível, Raul Roulien em pessoa. Ainda o alcançamos, o meu primeiro ídolo cinematográfico e musical, ali, que prazer em conhecê-lo, conversando com a gente, como velhos amigos! Uns 75 de idade. Contei que na minha música "Vai e Vem" eu presto uma homenagem a ele, citando "Delicious", o foxtrote que ele cantava para Janet Gaynor, disputando-a com Charles Farrel num triângulo amoroso. Dessa canção de Gershwin que deu título ao filme, eu usei o motivo inicial, em meio à entrada da "Sinfonia op. 21" de Webern, chegando a um terceiro tema pela sobreposição dos dois perfis melódicos. Janet Gaynor e Charles Farrel vinham do cinema mudo, da

---

[1] *Folha de S.Paulo*, 27 maio 1984.

consagração em *Sétimo Céu*, eram os "namorados" mais famosos do cinema entre os anos de 1920 e de 1930. E Roulien contracenou com eles, o que dá bem a ideia do prestígio que alcançou em Hollywood.

Deliciosa foi um musical romântico que marcou época, marcou minha vida, foi a minha abertura para os musicais da década de 1930, norte-americanos e alemães. Eu tinha uns nove anos mas nunca me esqueci da canção; e não deixa de ser estranho que essa minha iniciação ao musical norte-americano tenha sido feita pela voz e presença de um brasileiro em Hollywood.

Pouca gente se lembra, se dá conta de que Roulien foi o único brasileiro, até hoje, a atuar no cinema norte-americano, e com destaque, numa época até muito mais difícil para um artista vencer no exterior. Ao lado de Dolores del Rio, Gloria Stuart, Bing Crosby, Rita Cansino, que depois se tornaria Hayworth, a lendária Gilda. Ele participou ainda de *A Marcha dos Séculos*, *O Último Varão Sobre a Terra* e do inesquecível *Voando Para o Rio*, sempre com o primeiro ou um dos principais papéis. Este último revi agora em Austin, num cinema de arte da Universidade do Texas, um verdadeiro clássico no gênero, com aquele espantoso balé nas asas dos aeroplanos sobrevoando Copacabana, uma loucura quase surrealista! Os exteriores filmados aqui mesmo valem, curiosamente, como um documentário do Rio antigo. Nesse filme Roulien também atuou como coprodutor e, contou-me ele agora, foi o responsável pela formação da dupla Fred Astaire e Ginger Rogers: juntou esses dois que iriam se tornar o par de dançarinos mais extraordinário que o cinema já teve.

Minha ligação com os Estados Unidos é profundamente musical. Paixão pelo jazz e pelas canções da Broadway, duas coisas bem distintas. Não vou falar de jazz, todo mundo sabe, tem muito livro explicando. As canções dos musicais da Broadway e Hollywood são menos conhecidas em suas origens. Talvez eu possa dar algumas dicas para o seu estudo com minha musicologia de ocasião, *star dust memories*, coisas vividas, ouvidas.

Conservo-me um fã inveterado dos artistas que fizeram as delícias de minha vida. Já corri e lutei para pegar um lugar junto ao cordão de isolamento para ver Chaplin bem de perto, em Paris, na entrada de um cinema. Como corri agora para pegar o Roulien ainda na porta do elevador. Outra vez, em 1979, num teatro da Broadway, eu falava muito sobre Richard Rodgers com a amiga norte-americana de um filho meu, e de súbito ela me interrompe: "Você conhece o Richard Rodgers? Ele está aqui atrás de nós." Olhei assustado, sem acreditar no que via, aquela figura típica do compositor nova-iorquino da velha guarda, paletó e gravata, talvez um suspensório por baixo, charutos no bolso, ar de comerciante tranquilo, conversando de pé, junto à porta de entrada para a plateia, bem próximo às nossas poltronas; já bastante velho, soube que estava doente, morreria um ano depois, era o compositor das músicas da peça que estávamos vendo, com Liv Ulmann – já pensaram?! – no principal papel. É a Broadway, vocês sabem, nos teatros ao lado poderíamos escolher entre Claudette Colbert ou Al Pacino em *Ricardo III*; noutro dia veríamos *Dancing*, de Bob Fosse.

Mas quase nenhum brasileiro – precisaria ser "um dos nossos" – se lembra de ir ao Rainbow Room. Aqui fica a sugestão: um restaurante com uma ambientação *art déco* antológica, num dos últimos andares do edifício Radio City, vista alucinante, um lugar onde ainda pode ser captada toda a atmosfera da época das *big bands*. Ali brilhou *the king of swing*, o fabuloso Benny Goodman *and his orchestra*. Tocava nessa noite a orquestra de Sy Oliver. Que coincidência, o mesmo Oliver que eu ouvira em 1952 num baile do Club 15, em Santos, como astro convidado da orquestra de Tommy Dorsey, *the gentleman of swing*, a primeira orquestra norte-americana que me deslumbrou ao vivo.

Difícil captar vibrações de outros tempos, aquele mundo talvez fictício que o cinema criou em nossa cabeça. A gente procura pelos Estados Unidos todo, acabou, tem que percorrer as ruas da velha Chicago pensando em Alice Faye, Don Ameche. Mas é num ponto assim como o Rainbow Room, num programa de TV tipo festa-baile – lá também tem –, é num ponto como aquela cafeteria do Coffee Trader de Milwaukee, ou como aquele vagão *lounge* do trem que me levou de Chicago para Nova York, um ponto assim onde sempre tem um piano dando sopa, aí pode acontecer: um senhor respeitável ou uma *sentimental lady* senta-se ao piano e ouviremos com toda a certeza Richard Rodgers, ou George Gershwin, Irving Berlin, Jerome Kern ou Cole Porter. Os mestres do *lied* norte-americano. Sim, existe um *lied* norte-americano: é a *Broadway Melody* e sua extensão em Hollywood. Verdadeira "escola", como a Wiener Schule, ou a École de Paris. Fico pensando na famosa série da Metro. É essa melodia, com seus Schubert, Schumann, são esses aí. Mas tem outros mestres, não podemos esquecer Harry Revel, Harry Warren, os imigrantes Kurt Weill e o mitológico Friedrich Hollaender. E outros, ainda.

Os Caminhos da Nova Música[1]

Passei vinte anos sem rever o compositor mexicano Mario Lavista.

Desde aquele final de tarde em que nos reunimos no Café de Flore – na noite anterior tínhamos ouvido o barítono Dietrich Fischer-Dieskau – para recordar os dias em que estivéramos juntos em Darmstadt, a emoção de ouvir os *Hymnen* de Stockhausen, a loucura de *Musik für Ein Haus*. Ali estavam, também, todos compositores, o espanhol Tomás Marco, o francês Fernand Vandembogarde, o português Jorge Peixinho, o mesmo grupinho que formávamos nos "Ferienkurse". Peixinho tinha participado da *Musik für ein Haus*, obra coletiva que marcou época, e tinha muito o que contar. Paris, setembro de 1968, tarde outonal tranquila, pouco tempo depois das memoráveis agitações estudantis. Lavista e Tomás Marco pareciam galãs cinematográficos.

Belo Horizonte, dezembro de 1988, nem bem cheguei para um simpósio de compositores latino-americanos e Mario Lavista vem ao meu encontro, no restaurante do hotel, a figura de sempre, não mudou nada, a mesma fidalguia nas maneiras. Que alegria!

---

1 *Jornal da Tarde*, 2 jun. 1990.

Conversamos o tempo todo, confrontamos a trajetória de nossos caminhos, os caminhos da *neue Musik*, Brasil, México, o mundo.

Mario Lavista tornou-se o maior nome da música de seu país. Compositor e intelectual, ocupa uma posição equivalente à de Octavio Paz na literatura. Infelizmente não pude participar de outro simpósio, durante o Festival de Inverno de Campos do Jordão, em 1989, quando Lavista pela segunda vez veio ao Brasil e concedeu excelente entrevista ao pianista e musicólogo José Eduardo Martins, que vejo agora publicada no primeiro número da revista *Música*, criada pelo Departamento de Música da ECA-USP, cujo editor responsável é o próprio pianista.

Em muito boa hora surge essa revista, para compensar coisas que vão de mal a pior nesse miserável mundo musical em que vivemos no país, principalmente nesses dias. Ainda mais quando pode contar com uma entrevista de Mario Lavista, verdadeiro pensador da música de nosso tempo, os seus problemas, suas preocupações estruturais, minimalistas, pós-modernas, que ele observa e comenta com penetrante espírito crítico e rara sensibilidade, e a certo ponto constata: "O abandono das vanguardas se dá em todos os países e não creio que seja uma atitude pessoal." E mais adiante: "Acontece que presentemente estamos voltando ao compositor de ofício, que não somente pode imaginar música como também escrevê-la." Só por essas duas afirmações podemos sentir a contradição que Lavista vive, como todos nós, e a crise da vanguarda musical hoje.

Não entro mais em citações para não tirar o gostinho dos leitores dessa entrevista indispensável na revista *Música*, da ECA. Prefiro ficar nessa breve evocação que fiz de um momento, os anos de 1960, reencontrado agora na pessoa de Mario Lavista, nas palavras de sua lúcida entrevista.

Recaída Nacionalista é Mal Periódico[1]

Correto seria distinguir a brasilidade de nossa música por aquilo que os musicistas estrangeiros ouvem como diferente da música deles.

Ecletismo. Cosmopolitismo. Antropofagismo. De repente, entramos em crise e nos perguntamos: é brasileiro o que estou fazendo? Não estarei compondo uma música europeia?

No começo dos anos de 1950, o compositor Camargo Guarnieri escreveu para o jornal *O Estado de S.Paulo* uma carta aberta aos compositores brasileiros, advertindo-os contra o dodecafonismo, perigoso e condenável, nas suas palavras, como "uma expressão característica de uma política de degenerescência cultural, um ramo adventício da figueira brava do cosmopolitismo". Por coincidência, o mundo inteiro então discutia a arte moderna, condenada com as mesmas palavras pelo teórico soviético Jdanov. E por azar, profeticamente, 25 anos antes, o nosso querido Mário de Andrade escrevera em seu histórico *Ensaio Sobre Música Brasileira*, a propósito de determinada música, que "ela não é brasileira como é antinacional. E socialmente o autor dela deixa de nos interessar. Digo mais: por

---

1 *Jornal da Tarde,* sem data.

mais valiosa que a obra seja, devemos repudiá-la, que nem fez a Rússia com Stravínski e Kandínski".

Se a crise de consciência, a recaída nacionalista, é um mal periódico entre latino-americanos, foi a vez de nossa crise, por essa época; e imaginem que barra pesada, para o músico brasileiro, enfrentar essa identidade de pensamento entre Guarnieri, Jdanov e Mário.

Os anos passam, muitos anos, e que sentido podem ter agora todas essas palavras, essas ideias, num mundo hoje totalmente ligado pela internet, em que assistimos aos mesmos programas de televisão via satélite num hotel seja em Berlim, Cingapura, Amsterdã, Cairo e no rádio ouvimos uma *world music* de uma esperada *new age*? E vão imaginar que as ideias possam perdurar, diz Claude Lévi-Strauss. Ainda há pouco, em Dresden, assisti a um jogo do Santos contra o São Paulo, televisionado diretamente da Vila Belmiro, da minha cidade, narrado em alemão. Que música mais estranha! A música de um mundo só, a tal da aldeia global, finalmente. E aí lembrei-me de minha obra *Santos Football Music*, que o compositor Almeida Prado acha que é a única música autenticamente brasileira sem ritmos e melodias brasileiros. Mas por quê?

Em recentes concertos com minha música, que realizei pela Alemanha, Áustria e Bélgica, não foram minhas antigas canções nacionalistas que interessaram, mas a minha experiência de vanguarda, esta sim, tida como algo bem brasileiro, muito diferente do que fazem na Europa. Peças como *Ópera Aberta*, *Astbmatour*, *Beba Coca-Cola*, esta última uma espécie de rap polifônico/microtonal, que me valeu uma carta do compositor português Jorge Peixinho dizendo que eu sou "o compositor mais genuinamente brasileiro de nossos dias". Logo eu, que assinei manifesto contra tudo aquilo que em nosso país era tido como música brasileira! Também em Nova York, obras minhas inspiradas em velhos musicais norte-americanos e alemães dos anos de 1930 foram ouvidas como brasileiras e nem reconheceram as referências aos velhos foxtrotes da terra deles. Essa é a minha experiência pessoal no assunto.

Como compositor, participante de festivais pelo mundo afora, e realizador de um Festival de Música Nova já com 34 anos, tenho podido observar e avaliar as transformações das ideias sobre vanguarda e nacionalismo musical. Estou chegando de um Encuentro Internacional de Compositores, em Rosario, Argentina, para o qual contribuí com uma palestra sobre nossa música, apresentando gravações de obras muito atuais, encomendadas no ano passado a dez compositores pela Secretaria de Estado da Cultura. As peças foram bem recebidas e elogiadas pelo seu caráter forte e brasileiro. No entanto, com ouvidos de outros tempos, poderíamos considerar *Paisagens Fractais*, de Rodolfo Coelho de Souza; *Metabole*, de Mario Ficarelli; e *Xiré*, do baiano Paulo Costa Lima, como obras bem cosmopolitas. *Xiré* até que tinha ritmos de rua, timbales, mas totalmente transfigurados em outra coisa. Interessante como ninguém mais se preocupa em detectar fontes populares – como queria Mário de Andrade – para definir uma música como sendo deste ou daquele país. As abstratas *Cartas Celestes* de Almeida Prado são aplaudidas mundialmente como a mais legítima e representativa música brasileira.

Parece-me que o correto é distinguir a brasilidade de nossa música por aquilo que os musicistas estrangeiros ouvem como diferente da música deles, só isso; não mais buscando constantes rítmico-melódicas (expressão cara aos nacionalistas dos anos de 1950) de raízes populares, que, bem analisadas, são de origem africana. Curioso que ninguém se perguntava: não estarei fazendo uma música africana? Essas velhas constantes são hoje caracterizadoras de obras de juventude, do passado.

A coisa brasileira é algo muito mais misterioso, transcendente, além dessa escuta simplista que reduz tudo a melodia e ritmo. Estão em nosso pensamento ainda certo informalismo e lassidão tropical, o barroquismo, o antropofagismo. Enfim, outras constantes, muitas, que verdadeiros musicólogos deveriam pesquisar em peculiares, particulares procedimentos composicionais que poderão ser encontrados até na obra dos "cosmopolitas" Henrique Oswald, Carlos Gomes e compositores de nosso Barroco musical. Ainda contrariando Mário de Andrade, não devemos repudiá-los como antinacionais.

George Antheil, o Jovem Mau da Música[1]

O Festival Greta Garbo foi um verdadeiro desfile de nomes que já estávamos esquecendo. Sem falarmos nos artistas – quem se lembraria hoje da Karen Morley? – e na ficha técnica de apresentação dos filmes, topamos com nomes de velhos conhecidos nossos, como o de Cedric Gibbons, responsável pela direção artística, de Herbert Stothart, autor de todos os fundos musicais, e do inigualável Adrian, o maior figurinista da época. Este último talvez seja o nome que mais nos toca, marido de Janet Gaynor, com quem viveu (estranhos são os caminhos da vida!) numa fazenda no sertão de Goiás, aqui perto de nós. Quem ainda se lembra do velho foxtrote, "You're so Delicious", que Raul Roulien – o primeiro artista brasileiro que trabalhou em Hollywood – cantava para Janet Gaynor, a namorada de Charles Farrell, num dos primeiros musicais do cinema falado?

Nomes que se apagam no consumo da comunicação de massas. Ninguém mais fala deles. E provavelmente pelo mesmo motivo ninguém fala também deste nome, que foi o de um dos pioneiros da música de vanguarda dos Estados Unidos: George Antheil. Porque

1 *O Estado de S.Paulo*, Suplemento Literário, 29 abr. 1973.

ele também foi um compositor de fundos musicais, na parte final de sua vida, de muitos dos últimos seriados e de vários filmes, alguns já dos anos de 1940, como *The Plainsman, Make Way for Tomorrow*. Terminou sua carreira artística absorvido pela música de mercado. Perfeitamente identificado com o meio artístico e social cinematográfico. Era um dos amigos mais íntimos de Adrian.

A julgar por essa última fase de sua vida, ligada à equipe técnica meio anônima que fazia os filmes de Hollywood, ninguém poderia supor que Antheil havia tido toda uma outra vida, das mais intensas, ligada a outra equipe, por outras razões igualmente notável, dos expatriados intelectuais norte-americanos que fizeram parte da famosa "geração maldita" que marcou toda uma década, em Paris. Frequentava as reuniões promovidas por Gertrude Stein em seu apartamento, acompanhado de Eliot, Ford Maddox Ford, Wyndham Lewis. Grande amigo de Hemingway, Pound e James Joyce, que o considerava o compositor mais interessante de seu tempo e chegou a pensar em trabalhos a serem feitos em conjunto pelos dois. Utilizou em sua obra textos de Yeats, com quem tinha interesses comuns pelos assuntos esotéricos. E era muito chegado aos "patafísicos" comandados por Jarry. O endereço de Antheil em Paris já diz tudo: 12, rue de l'Odeon em cima da histórica editora de Sylvia Beach.

Porém, uma personalidade tão atual, tão atraente aos olhos de hoje, e o próprio silêncio inexplicável em torno de seu nome, acabariam por despertar o interesse dos pesquisadores mais vivos e em dia com a problemática da comunicação de massas e da arte underground. Curiosamente foi bem longe, na Argentina, que isso aconteceu. E ficamos devendo aos artistas Jacobo Romano, antigo pianista agora inteiramente dedicado à musicologia, e Jorge Zulueta, pianista especializado na interpretação da *neue Musik*, a reabilitação que está sendo feita mundialmente do nome de Antheil. E os dados que se seguem foram colhidos nas diversas entrevistas que mantivemos com esses dois admiráveis artistas.

Zulueta e Romano procuraram em Los Angeles a viúva de Antheil, Elizabeth Boski, que mora num bairro tranquilo, vizinha de mais duas viúvas ilustres; de um lado a viúva de Aldous Huxley, de outro a viúva de Walter Gropius. Além do precioso material informativo obtido, conseguiram de Boski um exemplar raro da única edição feita do livro *Bad Boy of Music*[2], escrito por Antheil, uma das melhores crônicas desse momento assombroso da História da Arte que foi a primeira metade de nosso século. Tiraram cópias (xerox) das poucas obras editadas e de muitas manuscritas, e passaram ao trabalho paciente e sistemático de divulgá-las em toda oportunidade que tiveram. Zulueta começou já nos Estados Unidos, espantando o público ouvinte norte-americano com a música de seu conterrâneo esquecido. Inesperadamente, com bastante sucesso.

Em São Paulo, ninguém se deu conta da importância da execução, em primeira audição no Brasil, da sonata *The Airplane*, feita por Zulueta no Tuca, dentro de um curso de música contemporânea realizado em 1968, por Jacobo Romano. Mas o VIII Festival Música Nova de Santos, no ano passado, fez questão de incluir no concerto de Zulueta o nome de Antheil, representado pela "Jazz Sonata", "Valsas Profanas", "The Golden Bird, After Brancusi" e "Fireworks". E já está programada para o IX Festival Música Nova de Santos, neste ano, a apresentação de *La Femme 100 Têtes, After Max Ernst*, de George Antheil, audiovisual (piano, dança, imagem e texto) montado pelo Grupo de Acción Instrumental de Buenos Aires, formado por Romano, Zulueta, mais a musicóloga Margarita Fernandez e a bailarina Ana Maria Stekelman.

A apresentação desse mesmo audiovisual no Rio de Janeiro deverá contar com a presença do casal Adrian-Janet Gaynor, já convidado por Jacobo Romano, por intermédio do consulado dos Estados Unidos, que conseguiu seu endereço. Uma presença sensacional, caso se concretize, pois dará uma oportunidade única para obtermos mais dados informativos sobre a singular figura de George Antheil, desse compositor "maldito" que foi pop antes do pop, não só em sua obra propriamente dita, mas sobretudo na proposta que havia em toda a sua maneira de ser – tipicamente americana – de pensar e gostar das coisas.

---

2 Garden City: Doubleday, Doran & Co., 1945.

A Paixão Europeia

"Antheil é uma colagem humana", constumava dizer Joyce. Dedicou uma sonata a Buffalo Bill, "símbolo da felicidade perpétua". Fascinava-o a publicidade, os grandes cartazes, os luminosos, o azul elétrico e alumínio – aura de Hollywood. O clima de expectativa, de propaganda que precedia um concerto. Mais do que o próprio concerto.

Berlim era sua paixão europeia. A mesma Berlim que sentimos recentemente no filme *Cabaret*, ainda marcada pelo expressionismo, a caminho do nazismo. Berlim de 1933, quando enfrentou uma ameaça feita pelos nazistas de "quebrarem o pau" num concerto seu. Antheil entra no palco, com sua habitual elegância, abre o casaco e tira uma pistola automática que coloca em cima do piano. Ordena fechar todas as portas com chave e previne: "O concerto vai começar." Stuckenschmidt, o grande musicólogo alemão, esteve presente ao concerto e é quem conta esse histórico episódio.

Excelente pianista. "O melhor intérprete de minhas músicas", dizia Stravínski. Em suas memórias, Antheil fala da emoção que sentiu ao reconhecer Stravínski, andando numa rua de Berlim. "Aproximei-me dele e fiz aquilo que todo mundo faz nessas ocasiões. Bati em suas costas e disse: sou um compositor norte-americano que muito o admira e gostaria muito de conhecê-lo..." E não largou mais de Stravínski durante todo o tempo em que viveu em Berlim. Depois vieram os festivais de Donaueshingen, Viena, o seu casamento com Boski – com quem teve um filho, hoje engenheiro nos Estados Unidos – e, por fim, Paris.

"Nova York não é a América." Dizia ainda que seu pai era um gângster muito famoso em Chicago. E gostava de se intitular "o empresário do escândalo".

Era capaz de ficar meia hora dando voltas em portas giratórias. Seu relax maior: andar de bicicletas. Adorava palavras cruzadas, astrologia e o número 7. E escreveu um livro sobre pesquisas endocrinológicas.

Antheil foi o precursor dos chamados "compositores abstratos" norte-americanos, linha depois seguida por John Cage e Morton

Feldman. E o primeiro, também, a combinar os mais opostos procedimentos composicionais, desde a pesquisa da dissonância mais complexa e pesada à comédia musical leve, lírica e de calculada simplicidade, incluindo efeitos jazzísticos, como acontece em *Helen Retires*, obra composta sobre libreto de John Erskine, produzida pela Juilliard School of Music, em fevereiro de 1934. Na sua ópera-jazz *Transatlantic*, ele faz uma sátira à alta finança e à corrupção política, criando assim a primeira ópera moderna engajada. Com *Jazz Simphony* (1925) já havia adquirido a reputação de *musical spokesman of the Jazz Age*.

Passou fome na Europa. "O dinheiro chegou a ser para mim o signo de um signo." E estudou um pouco com Nadia Boulanger (ainda hoje há quem estude com ela!), mas logo desistiu: "É duro aprender com professores. É mais fácil ensiná-los." Devia sua formação musical básica, entre outros, a Ernest Bloch e Constantin von Sternberg.

"Nova York não é a América", repetia sempre. A verdadeira América, para ele, estava em Hollywood, lugar que comparava a Jerusalém, a Meca, parado no tempo, com seus mil credos estranhos seguidos por criaturas vindas de todas as partes da Terra, em busca de um sonho. Onde se fabricava uma arte mentirosa, um reino de fantasia, a ilusão de uma ilusão. "Eis aí o Rei dos surrealistas!", exclamou Salvador Dalí deslumbrado, quando Antheil lhe mostrou Cecil B. de Mille debaixo de um guarda-sol que os diretores costumavam usar durante as filmagens ao ar livre. "Compositor devorado pelos leões no Saara", tema para um quadro de Dali, sugerido a ele por Antheil.

A Maior Admiração

"Hollywood – Hollywoods – Holywodd"... Lana Turner, Betty Grable, os mitos que o faziam vibrar. Mas sua maior admiração era por Hedy Lamarr, a quem dedicou "Heroes of Today", uma de suas últimas obras. De parceria com ela, para provar que não era somente bela, inventou um torpedo-rádio dirigido e patenteado sob n. 2.292.387, United States Patent Office Application, June 10-1941, Serial N 397412. Hedy Lamarr, a primeira mulher que interpretou no cinema o *Êxtase* do amor, inteiramente nua, era considerada burra pelo seu ex-marido, o armamentista austríaco Fritz Mandel. "Antheil é um bruxo", dizia Hedy Lamarr.

Organizou este surpreendente conjunto de câmara para as noitadas hollywoodenses: Ernst Lubitsch, ao violino; Ben Hecht, *cello*; Groucho Marx, piano; Harpo Marx, harpa; e Madelaine Carrol, violino!

As artistas de cinema exigiam sempre sua presença, quando experimentavam os figurinos de Adrian, não só pela sua opinião estética como por causa de suas importantes prescrições endocrinológicas.

"Toda música é insuportável, exceto a minha", escreveu num dos manifestos surrealistas de Breton e Aragon.

Compôs um balé psicanalítico, *Dreams*, para Martha Graham. A ópera em dois atos, *Volpone*, a cantata *Cabeza de Vaca* e diversas sinfonias e sonatas, das quais a n. 4, na opinião de Virgil Thompson, "é uma das poucas brilhantes concebidas em todo o repertório contemporâneo para piano".

O aeroplano era para Antheil o símbolo de um futuro que desejava alcançar e que projetou em sua sonata *The Airplane*, para piano. Alistou-se na I Guerra Mundial como piloto. Incluiu um motor de avião, entre outras máquinas, sinos, buzinas de automóvel, em sua mais conhecida obra, *Ballet Mécanique*, que provocou um dos maiores escândalos musicais do século, em sua estreia, ao lado de outros igualmente famosos de Stravínski e Debussy. Com essa obra ele se destaca com Russolo e Varèse entre os pioneiros do bruitismo, do som não musical.

"Nova York não é a América."

O Ponto de Partida

George Antheil morre a 12 de fevereiro de 1959, na cidade de Nova York.

Na opinião do poeta Ezra Pound, possivelmente Antheil foi "o primeiro norte-americano ou músico nascido nos Estados Unidos a ser levado a sério [...] que iniciou algo, isto é, escreveu música que não podia ter sido escrita antes". Ainda segundo Pound, seu grande amigo e autor de um livro inteiro sobre ele[3], trata-se de um compositor que foi provavelmente o primeiro a usar máquinas, e quero dizer com isso máquinas modernas, reais. Penso que a música é a arte que mais se presta a expressar a bela qualidade das máquinas. As máquinas fazem hoje parte da vida. Um quadro de uma máquina é como uma pintura de uma pintura. "A lição da máquina é a precisão, valiosa para os artistas plásticos e para os literatos."

A obra de Antheil, junto com a de Charles Ives e Henry Cowell, comprovam as raízes tipicamente americanas da arte de vanguarda dos Estados Unidos. O fenômeno John Cage, a *pop-art*, não são, portanto, casuais e nem têm alguma coisa a ver com a vanguarda europeia. São manifestações de uma civilização nova, de um novo mundo, e vamos encontrar seus pontos de partida num Antheil, por exemplo. Em seu *Ballet Mécanique*, composto matematicamente (ele mesmo explica) de acordo com o conceito tempo-espaço, como engenharia musical ou arquitetura moderna sonora. Um conceito em que o tempo, mais do que a tonalidade ou antitonalidade se torna *the main, basic "canvas" of music, the thing that music takes place in**.

Antheil utilizou as durações aritméticas do silêncio já em 1924, parcialmente em consequência de ter estudado a música oriental. Nessa segunda metade do século, vemos Cage às voltas com a mesma problemática oriental, como fonte para seus trabalhos.

Algumas experiências de Cage já realizaram em parte os projetos que Antheil tinha de "sincronizar cidades inteiras", de "silêncios de vinte minutos de duração na forma", e de "tirar definitivamente a música da sala de concertos".

Projetos de um "jovem mau da música", conforme ele mesmo se proclamava.

George Antheil nasceu em Trenton, Nova Jersey, no ano de 1900. Seu pai, sapateiro, tinha na porta de sua oficina uma placa em que se podia ler:

A friendly family Shoe Store**.

---

3 *Antheil and the Treatise on Harmony*, New York: Da Capo, 1968.

* Literalmente, "a 'tela' principal, básica da música, a coisa em que a música tem lugar" (N. da E.).

** "Uma amigável loja de sapatos para a família" (N. da E.).

A Iluminada Música de Kubrick[1]

Já vi *O Iluminado* duas vezes e me preparo para ver mais uma vez, pelo menos. Um filme perfeito, no seu gênero. Um gênero que eu diria sobrenatural, não de terror. Mas o filme, na verdade, transcende tudo isso e se torna cinema puro, cada vez mais fascinante, na medida em que o vamos recordando. Sua linguagem cinematográfica é o principal personagem, a principal mensagem. A imagem em movimento é o que nos seduz, nos arrasta pelo labirinto de corredores, salões, quartos, porões, estradas, montanhas, num devenir fora do tempo, sem fim, sem começo. E o movimento da imagem nos transporta pela força de seu desenvolvimento formal, abstrato, como que musical, polifônico, num fluir satanicamente rococó, praguense, desesperado. Essa é a marca deixada em minha impressão. Um fluir não se sabe de onde, para que lugar, inexorável. Em alguns momentos estático, como se possível!

Tudo isso é muito música, só poderia ser arquitetado por quem conhece música, por quem é sensível à trama do mundo insondável dos sons artisticamente, superiormente organizados. A música de

1 *A Tribuna*, 18 jan. 1981.

Machaut, Vitória, Bach, Mozart, Satie, Bartók, Ligeti, Penderecki, entre tantas outras. Stanley Kubrick, eis o nome, um diretor de cinema por dentro das intercomunicações semióticas som/imagem em movimento, do natural isomorfismo entre linguagem cinematográfica e linguagem musical. Tomada de cena, tomada de som, corte, montagem, são operações comuns aos dois contextos.

Não é difícil encontrarmos artistas de outras áreas que executam o seu ofício obedecendo ao espírito e aos padrões formais da música. Thomas Mann escrevia como um sinfonista do alto romantismo, verdadeiro Mahler da escritura, dividindo a matéria literária em andamentos, que se subordinavam a um metafísico tempo musical. Um de seus personagens inventou uma técnica musical, algo como o dodecafonismo, o que chegou a provocar uma briga entre ele e o compositor Schoenberg, este o verdadeiro inventor do dodecafonismo. James Joyce era um refinado intérprete musical. Ezra Pound chegou a compor muitas músicas. Enquanto Schoenberg, durante uns seis anos, parou de compor e começou a se destacar como um dos melhores pintores do expressionismo. As artes realmente se entrelaçam. Sobretudo hoje em dia, se torna inadmissível um artista limitado somente ao seu campo de criação, sem um conhecimento pelo menos informativo de todas as outras artes; como acontece com os cineastas brasileiros, em sua quase totalidade absolutamente nulos em conhecimentos musicais.

Em todos os seus filmes, Stanley Kubrick vem demonstrando rara sensibilidade na identificação som/imagem. Há já uma música na própria continuidade das suas imagens cinematográficas. Certa música inerente ao visual, por ele tão bem sentida. Não fosse essa qualidade, Kubrick ainda escolhe as músicas de fundo com tal propriedade, que revela de algumas delas possibilidades expressivas insuspeitadas, como no caso do "Danúbio Azul", em 2001, ouvido em meio a uma atmosfera espacial. Ou, no mesmo filme, das simples vozes de um coral – em "Lux Aeterna", de Ligeti – frente a um mistério cósmico. Na verdade não se trata de simples músicas de fundo, ilustrativas. Kubrick trabalha com elas, tornando-as componentes inseparáveis do todo cinematográfico por ele elaborado, transformando-as em dados que também conformam o caráter da obra, com um valor, com uma comunicação autônoma, particular, não meramente sublinhadora da ação, da situação. Insubstituíveis. Com total informação sobre a música, Kubrick sabe manipular sincronicamente todos os estilos musicais, utilizando-os como ele bem entende, o que quer dizer, excepcionalmente, com autoridade absoluta, sempre em submissão às necessidades gerais da obra. Outros exemplos, em outros diretores, de tal uso inteligente da música no cinema não são fáceis de se encontrar. Lembro-me de *A Chinesa*, de Godard, de *Padre Padrone*, dos filmes de Woody Allen.

Em *O Iluminado*, Kubrick foi direto em três excelentes compositores de nossa época (o único que já morreu foi o genial Béla Bartók, em meados da década de 1940), em cuja obra podemos encontrar os momentos mais altos do repertório de todos os tempos, da música tétrica, nosferática. Uma música feita de timbres e harmonias de uma dissonância misteriosa, fantasmagórica, de pequenos glissandos lascivos e tenebrosos, percussões diabólicas, sons que parecem ecoar pelas escadarias e pátios de um castelo mal-assombrado, levados por um sopro transilvânico. Será por mero acaso que em dois dos compositores, Béla Bartók e György Ligeti, corre o sangue magiar da velha Hungria?

O estranho efeito musical, no entanto, é liberado por uma estrutura musical contrastante bem simples, inventada por Bartók, composta de harmonias duramente dissonantes tocadas por timbres muito leves de percussões delicadas, como a celesta, verdadeiros passos felinos muitas vezes em pianíssimo, em surdina, em sons harmônicos, em meio a gemidos desolados das cordas; subitamente um fortíssimo, que arrepia tudo. Ligeti desenvolveu essa fórmula, com seus característicos *divisi* orquestrais, com o véu transparente de sua instrumentação.

Já a música do polonês Krzysztof Penderecki é pesadamente sinistra, acrescida de todos os procedimentos ruidosos da *neue Musik*. Todo o baixo astral nórdico está presente em suas sonoridades angustiantes, toda a intrínseca infelicidade do burguês eterno, egoísta, o polonês nostálgico de suas propriedades perdidas. Todo um decadentismo, de morte e desesperança...

E de repente, naquela festa macabra do hotel Overlook, ouve-se um velho foxtrote do começo dos anos de 1920, belíssimo, sentimental, que me fez pensar no velho Miramar, aqui no Boqueirão, "onde não há inverno nem verão, eterna primavera". Um velho foxtrote cujo nome nunca soube, mas sei assobiar inteirinho. Parece-me, mesmo, que já o conhecia antes de eu nascer.

Ecos Distantes de Nosso Passado Musical[1]

Um apanhado de cem anos de música em Santos está acima de minhas forças e de minha competência, pois não sou musicólogo e nem possuo arquivos. Mas penso que posso dar um testemunho do que assisti, ouvi falar, em sessenta dos setenta anos que já vivi.

Meus amigos Isaac e Gabriel Sion vão encontrar, nos anos de 1940, tocando nos *dancings* do centro da cidade, dois antológicos músicos de jazz, Booker Pittman e Big Boy Williams. Antológicos mesmo, vale dizer, citados em antologias musicais dedicadas ao jazz.

Enquanto viveram em Santos, integraram-se à comunidade musical da cidade, tocando com o conjunto Jazz Club Rhythm Boys, formado por Antonio Amado (o Amadinho, filho do seu Amado, o antiquário) ao piano, Isaac Sion na clarineta, Gaby Sion, contrabaixo, e Paulo Bernils, bateria.

Outra foto que ilustra essas lembranças é a de Giacomo Puccini em Santos, no Parque Balneário Hotel, lá por 1905. Meu amigo, o maestro Olivier Toni, descobriu essa foto em Lucca, Itália, no museu dedicado a Puccini, e tirou uma cópia para mim.

1 *A Tribuna*, 26 mar. 1994.

Lembro-me do primeiro concerto de piano que assisti, no Cine Theatro Casino (aquele que tinha um teto que abria nas noites quentes de verão), às dez horas, num domingo. Nada mais nada menos que Alexander Brailowsky, o mais famoso pianista da época, tocando Chopin, Scarlatti e a *Dança Ritual do Fogo,* de Manuel de Falla, uma novidade de vanguarda que assustava a plateia.

Talvez já esteja esquecido que Santos teve um dos melhores conservatórios do país, dirigido pela sua proprietária, a mitológica pianista Antonieta Rudge, a pianista predileta de Mário de Andrade. Mário chegou a dar algumas aulas no início das atividades do conservatório, nos anos de 1920. Outros notáveis que deram aulas ali foram o maestro Savino de Benedictis, o organista Angelo Camin, o famoso crítico musical Caldeira Filho (que durante toda sua vida escreveu para o jornal *O Estado de S.Paulo*) e o inesquecível maestro Tabarin. Todos de São Paulo.

O Conservatório Musical de Santos era um verdadeiro centro cultural. Por ele passaram, em visita, celebridades como o pianista Rubinstein, talvez Cortot, e, com certeza – porque eu estava presente – Guiomar Novaes e um jovem norte-americano (qualquer coisa Batista, o seu nome, será?) que ganhara um concurso por ela instituído nos Estados Unidos. Ali passei uma tarde inteira ao lado de Villa-Lobos!

Lembro-me da velha Orquestra Sinfônica de Santos, dirigida pelo maestro Moacyr Serra, um guarda-mor da Capitania dos Portos que regia nas horas vagas – e como regia! E do Quarteto Gaspar de Almeida, cujo idealizador era um comerciante português que amava tanto a música que chegou a construir um belo auditório no fundo de sua residência, à av. Bernardino de Campos. Essas coisas não acontecem mais.

E de grandes agitadoras culturais, como d. Fileta Presgrave do Amaral (seus salões faziam pensar nos salões de Olivia Guedes Penteado, em São Paulo), d. Carolina Martins Costa, com o Centro de Expansão Cultural, d. Zezé Lara Infante Vieira, com sua Sociedade de Cultura Artística, tradição que continua agora com d. Aura Boto de Barros. Que teria sido da vida cultural santista sem o talento e o espírito de iniciativa dessas senhoras maravilhosas? Só no Coliseu, trazido, pelo Centro de Expansão Cultural, assisti *il Fratello Innamorato,* de Pergolesi, uma ópera barroca pelo Angelicum de Milano, e o inesquecível conjunto folclórico Lucnica, da Tchecoslováquia.

Uma das coisas mais extraordinárias, ainda no Teatro Coliseu, promovido pelo Centro de Expansão Cultural, o bailarino expressionista Harald Kreutzberg.

Modestamente, acho que também dei minha contribuiçãozinha à vida musical santista, nesses últimos 32 anos, trazendo a Santos, pelo nosso Festival Música Nova, nomes – para falar de bem poucos – como o Duo Kontarsky, o Quinteto de Baden Baden, o extraordinário artista catalão Caries Santos, o compositor e pianista norte-americano Frederic Rzewski (considerado o maior, hoje em dia, nos Estados Unidos), o Accroche Note e Ensemble Aleph, da França, o Antidogma de Turim, Itália, o Quarteto United de Berlim; e neste último ano, a incrível cantora e compositora espanhola Fátima Miranda.

Trazidos pelo Centro de Expansão Cultural, Guiomar Novaes, Nelson Freire, Roberto Szidon e a internacionalíssima Cristina Ortiz (que paciente e humildemente chegou a tocar num piano com tecla quebrada, no Clube xv). Em 1993, o Expansão trouxe novamente a brilhante pianista Vanya Elias-José.

Não posso me esquecer dos concursos para jovens pianistas iniciantes, promovidos por este jornal *A Tribuna,* no auditório lá em cima, em meados dos anos de 1960. Era uma agitação febril provocada nas escolas de música da cidade, principalmente entre o Conservatório Musical e o também lendário Instituto Musical Santa Cecília.

Sem dúvida, Santos é uma cidade de grande tradição musical, berço de um dos maiores compositores brasileiros contemporâneos, José Antônio Almeida Prado, internacionalmente respeitado e conhecido. Cidade adotada pelo maestro Roberto Martins, além de compositor de grande inventividade, o maior regente coral de nosso país, no campo da música experimental (quando ele vai ganhar um título de Cidadão Santista?); cidade onde nasceu o inesquecível Juan Serrano, onde atuaram Klaus Dieter Wolff e Willy Corrêa de Oliveira;

cidade de Gil Nuno Vaz, poeta e compositor. O Festival Música Nova é um dos polos mundiais da música de vanguarda contemporânea – orgulho nosso! – com seu nome nas principais enciclopédias internacionais e figurando no International Directory of the Performing Arts dos Estados Unidos. Recentemente, foi elevado à categoria de corpo estável o Quarteto Martins Fontes, cuja força motriz é outra grande agitadora cultural de Santos, d. Adelci Paulino. Estou pensando também nas óperas que Bruno Roccela montou com músicos todos santistas. E em compositores como Diogo Fleury e Humberto Lage.

São inúmeros os concertos que a gente vai lembrando, Zubin Mehta, os gamelas javaneses que tanto assombraram Debussy, ali no Sesc. E aquele, talvez o último de Santos, de Guiomar Novaes, no auditório do Colégio São José.

Mas há alguns concertos que, não sabemos por que, marcam nossa vida, por algum motivo secreto, existencial, qualquer envolvência do momento em que eles foram ouvidos. Estou pensando num "Trio de Mendelssohn" para piano, violino e violoncelo (n. 2 opus 66), que ouvi no Cine Atlântico (nem sei mais quem eram os músicos), naquele Andante estranhamente romântico, que me levou e enlevou a um doce e estival estado de poesia, ao qual sou novamente transportado sempre que recordo esse luminoso momento de minha vida. Também me comove a lembrança da "Arabesque" de Schumann tocada por Ana Stella Schic, muito jovem, e muito bonita, no Cine Carlos Gomes. E talvez o último concerto dado em vida por Antonieta Rudge, que foi no Teatro Coliseu de nossa cidade, a abertura com "Jesus, a Alegria dos Homens", de Bach, na famosa transcrição de Harold Bauer, as *32 Variações* de Beethoven, os *Quadros de Uma Exposição,* de Mussórgski. São ecos distantes que ressoam nostalgicamente em nossa alma.

Bela, Funcional. É Café, a Nossa Ópera Que Fez Sua Estreia no Teatro Municipal[1]

A estreia mundial da ópera *Café*, de Hans-Joachim Koellreutter, sobre poema/libreto de Mário de Andrade, foi, no mínimo, um espetáculo bastante inusitado para Santos. Eu diria que até mesmo para o Brasil, um país que vem demonstrando um desinteresse cada vez maior por sua música culta contemporânea.

O próprio Villa-Lobos vem caindo no esquecimento, confundido em *maestro arranjador* – coisa que nossa TV Cultura de São Paulo já fez – enquanto seu nome cresce impressionantemente na área internacional, como um dos maiores mestres da música do século XX. A montagem de uma ópera nacional, então, é raríssimo acontecer, sobretudo de um compositor vivo. No máximo, de dois em dois anos, um II *Guarany*, de Carlos Gomes, com imensa má vontade e dificuldade.

E, de repente, acontece em Santos esta estreia mundial de uma ópera brasileira – sim, o alemão Koellreutter é mais do que brasileiro, é um orgulho para a música brasileira possuí-lo – com toda pompa e circunstância, belíssima, funcional cenografia de Gianni

[1] *A Tribuna*, 15 set. 1996.

Ratto, competentíssima direção de Fernando Peixoto. E, o que de certo modo é mais importante ainda, com base numa orquestra sinfônica e corais da cidade. Um acontecimento que foi uma verdadeira festa, com teatro lotado, festa que tinha de ser feita para comemorar tão importante realizaçao artística, que vem definir Santos como um dos principais centros da vida musical do país.

Normalmente, essa ópera teria sua estreia mundial em São Paulo ou Rio de Janeiro. Santos conseguiu passar na frente e tem agora todas as condições para se tornar uma Salzburg brasileira, uma cidade de turismo também artístico, de alta cultura. Vejam a cobertura sensacional que jornais de São Paulo e Rio têm dado a esse evento singular. Páginas inteiras, com imensas fotos. Que show de praia ou outras classes de eventos populistas, provincianos, cafonas, mereceram tal atenção? Santos brilha no momento, nacionalmente, como uma cidade voltada à alta cultura.

A prefeitura de Santos teve a coragem – e que isso sirva de exemplo a outros prefeitos – de montar uma ópera de vanguarda, sem a menor concessão ao gosto vulgar. E, tenho certeza, agradou aos espíritos abertos, de qualquer classe social. Mas vai desagradar o "burguês-níquel, o homem-curva, o homem-nádegas", como também as "aristocracias cautelosas", para usarmos os deliciosos epítetos de Mário de Andrade em sua extraordinária *Ode ao Burguês*.

Magnífica juventude eterna de meu velho amigo Koellreutter. Que exemplo de criatividade e de espírito pra frente você dá com essa ópera! Com um texto que é mais para uma cantata, Koellreutter inteligentemente conseguiu montar uma ópera e foi particularmente bem sucedido na mescla de elementos tonais e atonais, e até de dois breves momentos de música popular: cada elemento com sua expressividade específica explorada para criar também específicas situações dramáticas. Interessantíssimas aquelas melodias dodecafônicas na boca de ensacadores de café, e de suas mulheres. Belas vozes solistas de nossos corais se revelaram através dessas estranhas melodias.

Para uma ópera basicamente coral, é preciso que não poupemos elogios aos corais santistas, aos regentes Roberto Martins, Geraldo Magela, Maria Fernandes Marques, pelo excelente trabalho que realizaram. E, acima de tudo, ao regente Luís Gustavo Petri, que mais uma vez mostrou sua admirável "arte de conduzir" coordenando tamanha complexidade musical que teve pela frente, em tão pouco tempo. Margarita Schack, solista mãe do povo, com sua voz cálida, convincente, deu especial força à trama dramática, assim como também a narração poderosa, quase uma música, de nosso caro Serafim Gonzalez.

Pena que nosso público não saiba ainda como aplaudir. Logo para de bater palmas, é capaz de deixar os atores em cena sem aplauso, se eles se demorarem um pouco mais no palco. O público precisaria continuar aplaudindo, para dar tempo do regente, do compositor, do encenador, subirem ao palco. Ninguém viu o regente, nem o compositor. Esperamos que hoje, na última apresentação às dezoito horas, isso não aconteça.

Um Musical Emocionante e Inusitado[1]

Neurópolis, o surpreendente, inimaginável espetáculo musical de Livio Tragtenberg com músicos das ruas de São Paulo, que extasiou a plateia do Teatro do SESC, é uma coisa realmente muito séria, mesmo, nunca imaginada antes por outro artista. Uma experiência humana extraordinária.

Quando fui cumprimentar meu querido amigo Livio, confessei que contive forte emoção, enquanto o abraçava. Que coisa mais comovente ver, ouvir aqueles magníficos músicos de rua em toda a sua autenticidade, pureza, em toda a sua grandeza. Não estávamos diante de uma performance passível de comentário crítico. Não estou escrevendo uma crítica. Estou registrando um fenômeno que transcendeu a mera apresentação musical.

Tínhamos assistido a uma celebração da cultura urbana das ruas de São Paulo. "De São Paulo, comoção de minha vida", conforme o verso famoso de Mário de Andrade em seu poema "Inspiração". Estou imaginando como ele amaria este experimento de Livio!

---

1 *A Tribuna*, 9 jun. 2005.

O escritor Flavio Amoreira, ao meu lado no teatro, me disse que se sentia diante de uma das mais expressivas experiências estéticas feitas no Brasil, que estava vendo a cidade de São Paulo representada no palco, um estudo sociomusical dos meandros da metrópolis.

O mais espantoso e admirável, no entanto, é que, em meio àquela humaníssima manifestação da alma do povo, de repente a gente percebia que estava diante da mais legítima música de vanguarda, em toda a sua plenitude semântico-estrutural, produto de uma maquinação cerebral, de uma verdadeira análise combinatória de dados musicais populares. Coisa só possível pelas mãos sábias e calorosas de Livio Tragtenberg.

Filho de um intelectual de primeira linha, Maurício Tragtenberg, Livio não deixa de ser outro intelectual também de primeira linha, mas com a singularidade de viver à margem dos intelectualismos e populismos baratos da vida universitária e midiática. Sua vanguarda é isenta do pretensioso jargão rítmico melódico da *neue Musik*, tão de volta neste momento.

Compositor *sui generis*, Livio pertence àquela estirpe de compositores como o norte-americano George Antheil, que projetou, mas não conseguiu recriar, uma música para uma cidade inteira, e o alemão Stockhausen, que montou uma "música para uma casa" com seus alunos em Darmstadt. Livio, no momento, compõe com pessoas, não com notas musicais. Verdadeira música de invenção.

Karajan e a Quinta Sinfonia de Beethoven[1]

É muito peito falar de um regente daquela maneira: "Karajan é o tipo do regente moderno, dinâmico, avião a jato, casa de campo, *society*..." Pelo amor de Deus! *Society*! Que tem tudo isso a ver com as boas qualidades que deve ter um grande regente?

Com relação a Karajan, até que *society* seja talvez a única etiqueta que lhe caiba bem, se considerarmos o quanto é superficial e modista a sua interpretação. Talvez até mesmo todo esse mundanismo de avião a jato, casa de campo, no que tudo isso tem de vazio, de irrelevante. Tomadas nesse sentido, concordamos com tais palavras de Karabtchevsky.

É preciso, também, que se retifique outra afirmação sua. A mitológica Orquestra Sinfônica de Berlim não deve sua fama a Karajan. Trata-se de uma orquestra lendária, excepcional, que já passou pela mão dos maiores regentes deste século. Sempre foi famosa. Não é agora, por causa de Karajan.

Não que eu pretenda desmerecer o valor de Herbert von Karajan, 69 anos, austríaco, que já foi diretor artístico da Ópera Estadual

---

1 *A Tribuna*, 28 ago. 1977.

de Viena, do Festival de Salzburg (dedicado a Mozart), Kapellmeister da Ópera Estadual de Berlim, diretor da Berlin Staatskapelle, todos esses postos que o credenciam como músico dos mais competentes. O que não concordamos é com a imagem que a Rede Globo procura dar de sua pessoa, de sua interpretação.

Aquela postura cabisbaixa, gestos encolhidos, olhos fechados, está longe de dar a ideia de dinamismo, de coisa moderna. Sem dúvida é uma jogada teatral dele, mas resulta numa figura feia, mirrada, sobre o pódio. Lembro-me das palavras de Stravínski, quando dizia que música é para a gente ouvir de olhos abertos. O que dizer, então, de reger a música. O regente tem de dar a impressão de que está vendo o som na sua frente, conduzindo-o, moldando-o.

E a partitura não tem de ser recriada, conforme falou Karabtchevsky. Pelo contrário, tem de ser executada de acordo com todas as suas indicações, escritas pelo compositor. Lembro novamente Stravínski, nas *Crônicas de Minha Vida*: "O valor do executante se mede precisamente por sua faculdade de ver rigorosamente o que se encontra na partitura e de nenhum modo por sua obstinação em buscar nela o que ele desejaria encontrar." Em outro ponto, ele diz ainda: "Não peço mais do que isso a um regente de orquestra, pois qualquer outra atitude de sua parte significa uma interpretação, coisa que me horroriza. Então, fatalmente o intérprete não pode deixar de pensar somente na interpretação e se parece, neste caso, a um tradutor (*traduttore traditore*), coisa que em música é um absurdo."

O absurdo das performances de Herbert von Karajan, o intérprete por excelência. Recriador, como diz Karabtchevsky. Um regente preocupado com efeitos, com fortíssimos e pianíssimos, onde bem entende, andamentos mais rápidos – tão na moda – tudo isso para marcar o seu estilo interpretativo. Não o preocupa a pesquisa musicológica, a comunicação exata do que está escrito, como faziam Pierre Monteux, Ernest Ansermet, os regentes prediletos de Stravínski, e faz hoje em dia o compositor e regente Pierre Boulez, outro predileto de Stravínski. Ouçam a sua versão da *Quinta Sinfonia* de Beethoven, e comparem com a versão que ouviram na televisão, feita pelo Karajan. Parecem duas músicas diferentes.

Boulez baseou-se, entre outros estudos, numa tese de duzentas páginas escrita por um aluno seu, que destrinchou minuciosamente a *Sinfonia n. 5* de Beethoven; e na sua própria experiência de compositor de vanguarda, acostumado a analisar parâmetro por parâmetro das estruturas musicais abordadas. O que lhe permitiu evidenciar também toda a trama interior desenvolvida por Beethoven, sem se deixar levar simplesmente pelo parâmetro dominante, ou seja, a melodia.

Karajan e Boulez, duas concepções diametralmente opostas da *Quinta Sinfonia*.

Igor Stravínski, um Inventor Puro[1]

Igor Stravínski é um divisor de águas da música da primeira metade do século xx. No entanto, mesmo aqueles que ficam do lado contrário a Stravínski, não negam que ele seja um legítimo inventor. O schoenberguiano Juan Carlos Paz, naturalmente avesso a Stravínski, reconhece que sua *História do Soldado*, para pequeno conjunto instrumental, liquidou com os remanescentes da grandiosidade orquestral wagneriana, abrindo perspectivas novas para a estruturação sonora. Esta obra se tornou o modelo de tudo quanto se fez posteriormente no mesmo gênero, até hoje. Autêntico signo novo.

Na verdade, como aconteceu com Picasso, a carreira de Stravínski foi um contínuo inventar de signos novos. Sempre deixara para trás – para os outros – o caminho aberto, a fim de descobrir novos caminhos. Stravínski é o protótipo do inventor, talvez *il miglior fabbro* da linguagem musical de nosso tempo. Máquina-ferramenta, máquina que constrói máquinas. Um compositor que descobriu novos processos, ou cuja obra deu os primeiros exemplos conhecidos de diversos processos (conforme a definição de inventor dada por

---

1 *A Tribuna*, 27 mar. 1977.

Ezra Pound), criando os modelos para a maior parte da produção musical contemporânea.

Em *Petruchka* inventou um acorde que se tornou famoso, em que combinou duas tríades perfeitas, distanciadas por um trítono (o diabo dentro da música, o intervalo considerado mais terrível pelos antigos), tocadas simultaneamente: dó maior e fá sustenido maior, ao mesmo tempo. Estava lançado o bitonalismo, isto é, a música feita em duas tonalidades. É verdade que esse problema estava no ar, mas ninguém, como Stravínski, o sentiu e dele se conscientizou com tanta clareza, exatidão, limpeza e força expressiva. Esse acorde é o centro, o *leitmotiv* de todo o desenrolar dessa obra extraordinária e deslumbrante. *Petruchka* deixou uma prole numerosa de obras similares em todos os países do mundo.

Seguiu-se a *Sagração da Primavera*, de uma rudeza tímbrica e harmônica assustadora para a época. Debussy, grande amigo e admirador sem limites de Stravínski, foi um dos poucos músicos a compreender, naquele momento, a importância das páginas do "jogo de escamoteio" que precedem imediatamente a dança final das marionetes, no primeiro quadro de *Petruchka*. Com relação à *Sagração*, Debussy chegou a ser profético: "Ocorre-me que Stravínski se esforça aqui por fazer música com o que não é música." É preciso compreender nessa sua observação uma antevisão da futura música concreta. Stranvínski já pressentia o ruído como música e organizou complexos instrumentais naturalistas, duros, ruidosos, dilacerantes como nunca tinham sido ouvidos na história da música. E legou, assim, para sua geração, mais novas matrizes orquestrais.

Em *Les Noces*, levou um ano para chegar à conclusão de que a orquestração adequada para acompanhar os solistas vocais e o coro só poderia ser formada de quatro pianos. Nova Matriz, tão explorada anos depois por Carl Orff em obras que lhe deram fama. Ninguém se lembra, ao ouvi-las, que a ideia orquestral inventiva, original, foi de Stravínski.

Depois da *História do Soldado* estava encerrada a fase russa, e Stravínski inicia uma pesquisa musical até hoje mal interpretada como neoclássica. No entanto, muitas das jogadas mais caras da *neue Musik* da segunda metade deste século Stravínski sacou nessa fase. A colagem e a citação, por exemplo, que encontramos em *Jogo de Cartas, Beijo de Fada, Danças Concertantes*. Seriam obras neoclássicas, se procurassem restabelecer, ainda que em termos atuais (como fez Hindemith, este sim, um neoclássico), uma linguagem passada. O que Stravínski fez, de fato, foi uma paródia – no sentido joyceano – de diversas linguagens passadas. Repensou a linguagem de Pergolesi, Bach, Tchaikóvski, Woody Herman (Ebony Concert) e até Webern. Um precursor da metalinguagem de nossos dias.

O que prejudica a imagem de Stravínski é a sua posição político-religiosa conservadora, em contradição com sua obra inovadora. Mas a contradição é o fator mais decisivo do processo dialético. Está em tudo. Mário de Andrade afirma, em seu livro *Pequena História da Música*, que o artista é uma pessoa como outra qualquer, com qualidades ou defeitos, boa ou má. Somente sabe fazer bem sua arte. Wagner foi um reconhecido mau-caráter e genial compositor. E que inventor! E Stravínski, artista de vanguarda por excelência, foi também um autêntico reacionário, "um emigrado do Czar", como sempre se considerou.

Acho que isso pesa na crítica marxista de um Theodor Adorno, quando classifica Stravínski de restaurador, frente ao progressista Schoenberg. Note-se que Adorno coloca os dois como polos fundamentais da música nova. Seus dois inventores maiores, portanto.

A visão de Adorno é muito alemã, e nem é mais levada em conta pelos seus principais seguidores, como Boulez e Pousseur, agora já maduros. Houve um tempo em que a Escola de Darmstadt podava sistematicamente Stravínski. Hoje a moda passou e Boulez não se cansa de reger Stravínski, e escreve minuciosas análises estruturais da rítmica stravinskiana, outra contribuição sua notável, enquanto Pousseur organiza em composição coletiva estudos metalinguísticos dos procedimentos composicionais de Stravínski.

Do ponto de vista da linguística, ainda temos a palavra de Roman Jakobson, que inclui Stravínski entre os maiores descobridores deste século, caracterizados pela extraordinária capacidade deles sempre superarem os hábitos já envelhecidos da véspera, juntamente com um dom sem precedentes de apreenderem e remodelarem cada tradição anterior e cada modelo estrangeiro, capacidade que está intimamente ligada a um singular sentimento da tensão dialética entre as partes e todo unificador e entre as partes conjugadas entre si, especialmente entre os dois aspectos de qualquer signo artístico.

No mais, tudo bem, embora toda essa argumentação acima funcione apenas para quem a receber como verdade.

A verdade é sempre a nossa verdade. A verdade – como o belo – é o significado, o significado é o uso, o uso é a comunicação, segundo o corolário muito citado por Décio Pignatari. E só podemos estabelecer comunicação nos termos de nosso próprio sistema de referências, segundo Wilbur Schramm, especialista em pesquisa sobre comunicação nos Estados Unidos. Vale dizer, nossa comunicação é baseada em nosso conjunto de experiências e significados, formado num plano subjetivo e emocional pelos preconceitos, conhecimentos e gostos adquiridos junto aos pais, escola, rua, trabalho, junto ao meio em que vivemos, que gostamos e respeitamos; forjado pela familiaridade e simpatia. Nós crescemos e nos formamos intelectualmente preenchendo as coisas, e a própria vida, de um sentido que nós, por convenção e experiência, lhes atribuímos.

Convenção e experiência pessoal. Acho porque acho. É a linguagem como instrumento de comunicação, ou melhor, de imposição de nosso ponto de vista. Talvez por isso a linguagem seja fascista, conforme a concepção de Roland Barthes, recentemente exposta no Collège de France.

Música Para Santos[1]

Nova manifestação de ceticismo com relação às atividades culturais de nossa cidade, dessa vez na carta de um leitor deste jornal – carta, aliás, muito boa, que eu assinaria quando ele pergunta: "Será mesmo que Santos é uma cidade alérgica à cultura?"

Lembrei-me de um velho amigo de família, o professor Lourival Gomes Machado, que não compreendia como eu morava aqui e não em São Paulo ou Rio. E costumava dizer, para me provocar: "Santos é uma cidade refratária à cultura." Nunca me esqueci dessa frase. Era pra me chatear, sem dúvida, mas eu sentia que, no fundo, essa era a sua opinião. Infelizmente, ele não está mais entre os vivos para se defender dessa traição que lhe faço. Morreu de repente, há alguns anos, na Estação Termini, de Roma. Estava a caminho de Florença, a serviço da Unesco, onde iria supervisionar os reparos aos danos causados às obras de arte dessa cidade por uma terrível enchente do rio Arno.

Para quem não se lembra de Lourival, eu recordo, ainda, que ele foi professor catedrático da USP, colaborador do Suplemento Literário

---

1 *A Tribuna*, 8 fev. 1976.

do *Estadão*, e uma das maiores autoridades em arte e cinema, no Brasil. Seu livro *O Barroco Mineiro*, da coleção Debates, editora Perspectiva, é um dos clássicos no assunto. Ele passou os últimos anos de sua vida em Paris, a cidade que mais amava. E veio algumas vezes a Santos, para conferências e debates.

Os fundadores do nosso Clube de Cinema, entre os quais me incluo, devem lembrar-se bem de Lourival Gomes Machado. Foi o convidado especial e autor da palestra sobre o filme *Le Corbeau*, de Clouzot, na tarde em que ele inaugurou as memoráveis sessões do Cine Bandeirantes, aos sábados.

Lourival tinha a vocação para morar nas grandes capitais, tanto que acabou seus dias em Paris. Não podia conceber, assim, a vidinha de interior sem novidades, com sua atividade artística modesta, despretensiosa. Não viveu o suficiente para perceber que a cidade do interior se tornaria cada vez mais refúgio tranquilo indispensável ao trabalho criador, à meditação, ao estudo. E o caso de Santos, enquanto não for devastada pelos forasteiros (precisamos urgentemente estreitar as ruas para dificultar os automóveis, essa praga do nosso tempo, e construir muralhas para afastar os turistas).

Inverteu-se a situação. Como há muito tempo acontece na Europa e Estados Unidos, também no Brasil, agora, todo mundo começa a fugir dos grandes centros. Somente em cidades cada vez menores é que os artistas de hoje poderão encontrar condições que lhes permitam retornar àquele ideal de *luxe, calme et volupté* que vemos refletido na pintura de Johannes Vermeer, cidadão de Delft, pequeno burgo em terras flamengas, no século XVII; e retomar o equilíbrio, a pureza e a serenidade que ainda vemos na arte de um Matisse, neste século.

Não será por outro motivo que Wega foi morar na Praia de Pernambuco e Armando Sendin na Ponta da Praia. E Klaus Dieter- -Wolff realizou em Santos um trabalho musical que não foi possível em São Paulo, onde morava e dirigia outros corais.

"Quem ainda lê Camões em nossos dias?", perguntou certa vez o poeta Ferreira Gullar, entusiasmado com os êxitos dos *mass media*. Imediatamente, me deu a maior vontade de ler Camões. Porque em

Santos podemos ler Camões. Podemos ler e ouvir Adam de la Halle, Guilhem de Peitieu, Marcabru, Thibaut de Navarra, Rambaut de Vaqueiras, Moniot d'Arras, Guiraut de Bornelh, Walther von der Vogelweide, Guillaume de Machault. Podemos ouvir "a voz do mar, ouvir estrelas" na noite sossegada.

E, quando "um homem das cidades" parar à nossa porta e falar de produção, de poupança, código operacional, consumo, lucro; falar da última moda, da comunicação via satélite, de Ibope e até citar Hegel; quando disser que arte é coisa do passado, poderemos, enquanto ele falar, estar pensando, à maneira de Fernando Pessoa ("e isso nos comoverá até às lágrimas"), "em como o murmúrio longínquo dos chocalhos, a esse entardecer, não parecia os sinos duma capela pequenina a que fossem à missa as flores e os regatos e as almas simples..."

Falemos de um Outro Carnaval[1]

Vivemos no país do carnaval. E, por falar nisso, estamos em pleno carnaval, essa milenar festa popular profana, cuja origem se perde no tempo, nas mais remotas celebrações orgíacas da humanidade, como foram as saturnais romanas, que celebravam o renascer da natureza, simbolizado pela volta da primavera.

Também na Europa o carnaval é festejado em suas cidades mais alegres, mais vivas: Amsterdã, Veneza, Munique, Roma, Viena, Nápoles, Nice. Nas primeiras páginas de sua fascinante novela *Vitória*, Joseph Conrad faz o seu personagem principal descer La Canebière, a famosa avenida de Marselha, em pleno carnaval *art nouveau* do começo do século, entrando num bar atrás de outro, todos animadíssimos com seus pierrôs, arlequins e colombinas e outras figuras mascaradas saídas da *commedia dell'arte*.

No Brasil, o carnaval foi perdendo, aos poucos, essa aura romântica, barroco-renascentista; e canalizou o melhor de sua grande força expressiva nos desfiles de escolas de samba. Talvez devido ao sentido extremamente popular que adquiriu entre nós, faltou uma

---

1 *A Tribuna*, 29 fev. 1976.

obra-prima musical, no campo erudito, que refletisse a sua importância, o seu significado brasileiro. Ficamos nas obras-primas populares, sobretudo as marchinhas carnavalescas dos anos de 1930, deste fabuloso compositor que foi Lamartine Babo.

Enquanto na Europa, sua terra de origem, a palavra carnaval tem toda uma outra semântica. Os tipos enigmáticos, o suceder aleatório dos acontecimentos, a simbologia dos mistérios, tudo isso sempre excitou a imaginação criadora dos artistas e nos deu, pelo menos na música, esta obra incomparável que é *Carnaval*, de Schumann, um dos pontos mais altos do repertório pianístico.

A palavra carnaval, para Robert Schumann, era uma palavra mágica, com muitas conotações. Compôs ainda um *Carnaval de Viena*, dentro da mesma linha de preocupações. Espírito ao mesmo tempo musical e literário, protótipo do compositor romântico, este genial alemão atribuía um caráter a cada ideia musical de suas peças: uma situação, uma pessoa, um clima psicológico. Essas ideias musicais, ele não desenvolvia, razão por que ainda é criticado, pelos que não o compreendem, como um compositor incompleto, que não sabe levar adiante um tema. O fato é que ele não queria esticar inutilmente a matéria sonora. Seu processo composicional equivalia a "conter numa estrela toda uma constelação", segundo o verso lapidar de Robert Browning. Uma antevisão da música de Webern. Economia de meios expressivos. O primeiro quadro de *Papillon*, em duas frases A – B – A, encerra terminantemente todo o assunto e passa para o quadro seguinte. Essa foi a informação básica de Schumann. Sua lição de composição.

Uma concepção original que determinava uma quebra da discursividade musical. Suas peças eram estruturadas por justaposição de pequenos momentos, *flashes* sonoros ilustrando cenas infantis, fantásticas, carnavalescas. Schumann já intuía a colagem musical de nossos dias. A organicidade de toda a sua obra é muito mais relativista do que linear. E seus quadros musicais, embora inter-relacionados, possuem vida própria, constituem unidades isoladas.

Profundamente humano, honesto, Schumann levou uma vida reservada, sem preocupação de aparecer. Excelente crítico musical, ajudou muito a consolidar o prestígio de Chopin, Liszt, Brahms. Sua música é subjetiva, intimista, fala de um cotidiano familiar – também encontrado em Bach – de casa, luar, jardim, entardecer. Encantou os velhos serões da família brasileira de princípios deste século, quando toda mocinha bem educada tocava piano. Principalmente o *Carnaval* de Schumann. Ernesto Nazareth e outros compositores seus contemporâneos sofreram muito a influência dele e de Chopin.

A melodia schumanniana é de rara beleza e expressividade. E inconfundível. Mesmo quando evoca Chopin num canto de seu *Carnaval*, à maneira harpejada do grande polonês, mesmo aí sua melodia é até mais Schumann ainda.

A inquietude, a extrema mobilidade harmônica e certos procedimentos cromáticos característicos (o início de *Fabel*, por exemplo) já prenunciam a ruína do edifício total, a caminho do expressionismo musical germânico, que melhor se delineará depois em Hugo Wolf e se definirá no atonalismo dodecafônico de Schoenberg. As letras dançantes enigmáticas do *Carnaval* também já formam uma espécie de série musical.

A malha polifônico-harmônica de sua música se abre a uma sugestão de simultaneidades e intrincamentos que a torna sempre moderna e atraente, mesmo a uma escuta como a de Pierre Schaeffer (conforme ele mesmo declara num de seus livros), do seu particular ponto de vista como inventor da música concreta.

Se o carnaval pôde inspirar de tal maneira um compositor do porte de Schumann, por que o carnaval brasileiro não pode fazer o mesmo com relação aos nossos compositores? Motivando-os no sentido de uma música sem as exterioridades de um ritmo e melodia fáceis, banais, em benefício de uma música realmente pensada, inventada, nova?

Do Velho "Jazz" ao "Rock and Roll" [1]

Um assunto puxa o outro. Escrevi sobre a canção popular urbana norte-americana, sobre a música de fundo de cinema e acabei, fatalmente, envolvido pelas lembranças do velho jazz, de seus famosos conjuntos, das grandes orquestras.

É verdade que a música popular é uma adaptação da música erudita (Vicent d'Indy) feita pelo povo, em função de suas necessidades particulares de diversão e entretenimento. Mas, em alguns casos muito especiais, essa reformulação em termos populares passa a se desenvolver com tal independência que chega a criar novos signos e a fornecer estilemas à própria música erudita, num processo de verdadeiro *feedback*.

É o caso da impressionante música folclórica da Europa Central, eslava e balcânica, sobretudo a polonesa e a da região do Voronezh, na Rússia. Elas forneceram o material sonoro aproveitado por Chopin, Stravínski, Bartók, Prokófiev, Rímski-Kórsakov, Dvorak, compositores geniais que souberam extrair do folclore o estímulo

---

1 *A Tribuna*, 21 mar. 1976.

para a criação de novas estruturas, sem cair no academismo clássico-
-romântico do nacionalismo estreito e redundante.

Com o jazz aconteceu outra coisa mais importante ainda, e realmente única na história da música: polarizou praticamente toda a musicalidade do povo norte-americano, em torno de suas manifestações ao mesmo tempo populares e eruditas, como acontece nas comunidades primitivas africanas. A grande, a verdadeira música dos Estados Unidos é o jazz. As manifestações ditas eruditas da música dos Estados Unidos empalidecem frente à obra de um Duke Ellington. Naturalmente com exceção de Charles Ives, Henry Cowell e John Cage, que formam um time a parte, de experimentalistas. Mas, num sentido tradicional, o jazz devorou todas as formas e possibilidades musicais norte-americanas.

Conforme analisa Gunther Schuller, musicólogo e compositor de vanguarda norte-americano:

a música africana nativa e o velho jazz originaram-se ambos de uma visão total da vida, na qual a música, ao contrário da música artística da Europa, não constitui um domínio social separado, autônomo. A africana, como as artes coirmãs – a escultura, desenhos naturais etc. –, é condicionada pelos mesmos estímulos que animam não apenas a filosofia e religião, mas toda a estrutura social. Na medida em que não foi influenciada pelos costumes europeus e americanos, a música africana não possui ainda hoje uma função separada abstrata. Não surpreende que nem mesmo exista nas línguas africanas a palavra arte[2].

De certo modo, o jazz preservou esse significado africano, razão por que atraiu todas as atenções, canalizou para ele todos os talentos musicais norte-americanos, tornando-se esse caso muito especial dentro da história musical.

Ainda segundo Schuller:

os rituais da Praça Congo, em Nova Orleans, em meados do século XIX, até o refinamento do hot e cool jazz, podemos constatar o desenvolvimento de

2 *O Velho Jazz: Suas Raízes e Seu Desenvolvimento Musical*, São Paulo: Cultrix, 1970.

uma verdadeira e fascinante linguagem musical autônoma, impossível de ser catalogada como popular ou erudita. E, dessa vez, uma linguagem que não resulta da adaptação de procedimentos da música artística europeia. Pelo menos em sua origem e desenvolvimento inicial. Linguagem predominantemente rítmica e melódica, produto de uma ritmização de toda a atividade verbal, de uma íntima relação paralela entre palavras e alturas de sons. Ouçam os notáveis sermões dos pastores protestantes negros, em que num dado momento eles passam a falar sincopadamente, em ritmo de swing[3].

É interessante notar que esse swing, esse balanço é encontrado não só na música das comunidades primitivas africanas, como na música dos povos orientais. Na música coreana, por exemplo, há solos vocais que lembram impressionantemente o jazz, os falsetes dos cantores de blues, as tercinas sucessivas.

Era de se esperar que, pelo menos no plano da harmonia, o jazz sofresse uma influência da música clássica europeia. Porém, os estudos etnomusicológicos de hoje já nos permitem assegurar a origem também africana de todos os procedimentos harmônicos, inclusive a característica progressão de acordes do blues.

Partindo de uma base tão sólida e tão autêntica, o jazz pôde desenvolver-se, de Nova Orleans a Saint Louis, rio Mississipi acima, ramificando-se em estilos variados, desde o Dixieland e o Chicago, no passado, até o East e West Coast mais recentes; e em fases distintas, como a do swing, do hot e cool jazz.

Duas das mais importantes contribuições jazzísticas, derivadas do espírito polifônico e improvisador da música africana, foram os pequenos conjuntos instrumentais concertantes e um tipo de formação orquestral tão bem estruturada, característica e funcional quanto foi a orquestra barroca: dividida em seções de metais (três trompetes e dois trombones), seção de palhetas (três saxofones tenores, um alto e uma clarineta) e seção de ritmos (piano, contrabaixo, guitarra e bateria). Essa era a formação, por exemplo, da famosa orquestra de Benny Goodman, com a qual trabalhou por muitos anos o genial

3 Ibidem.

arranjadar negro Fletcher Henderson, célebres pelos seus *riffs*, um tipo de pergunta e resposta também originado nos diálogos musicais africanos. O *riff* se tornou a marca registrada da era do swing, por intermédio das orquestras de Benny Goodman e Count Basie.

Essas *big bands*, como eram conhecidas, tinham outra curiosa semelhança com a orquestra barroca: naquele jogo instrumental entre os momentos de solos instrumentais – equivalentes ao "concertino" do concerto grosso – e os momentos em que toda a banda tocava – equivalente ao "ripieno", também do concerto grosso barroco.

Outro ponto importante a considerar é o timbre característico, próprio, que cada orquestra conseguia obter, pelas maneiras de seus músicos tocarem os instrumentos ou pela combinação instrumental. Em poucos compassos, podíamos reconhecer a orquestra de Glenn Miller, Tommy Dorsey, Duke Ellington, Bob Crosby. Os instrumentos eram sempre os mesmos, e, espantosamente, os timbres diferentes.

Não foi possível ao jazz evitar a contaminação dos brancos, sobretudo os de origem judaica e italiana: Toots Mandela, Harry James, Bunny Berigan, Artie Shaw e muitos outros. E sua diluição, por meio de orquestras características, como as de Shep Fields, Guy Lombardo, Jan Savitt, que facilitavam ao público dançante os complexos ritmos jazzísticos.

E, finalmente, a música culta europeia, a música de Debussy e Schoenberg, entrou com sua contribuição, o que podemos observar já no Duke Ellington da última fase, em suas sofisticadíssimas orquestrações e harmonizações. E na fenomenal orquestra de Woody Herman, para a qual Stravísnki compôs, entusiasmado, seu *Ebony Concert*. E numa orquestra espantosa, que dominou todo um momento da história do jazz branco: a orquestra de Stan Kenton.

Esse grande músico introduziu de fato a dissonância politonal na linguagem jazzística, bem como a combinação timbrística dura, concreta. Fez uma espécie de jazz de vanguarda. Já era a identificação da linguagem do jazz com a música de hoje, o que fatalmente teria de acontecer um dia. O próprio musicólogo Gunther Schuller também é um praticante do jazz, paralelamente às suas pesquisas com a música nova.

Voltando a Stan Kenton, nunca me esquecerei de sua inesperada passagem por Santos. Moyse Sion, pai do excelente músico que é Robertinho Sion, descobriu que Stan Kenton estava a bordo de um navio, atracado no porto, fazendo uma viagem para se recuperar de uma estafa mental. Foi a bordo, conseguiu pegá-lo e o levou à sua casa, onde reuniu um grupo de amigos, entre os quais eu, o pianista argentino Robledo e o saxofonista Bolão, que tocavam no *grillroom* de verão do saudoso Parque Balneário Hotel.

Stan Kenton, verdadeiro gentleman, deu toda a atenção a cada um de nós. Lembro-me bem da comparação que ele fez, ao piano, entre o que ele chamou de estilo square, tonal, mozartiano, de Benny Goodman, e a novidade que sua orquestra trazia para o jazz: a harmonia dissonante bitonal, o som ruidoso, violento, agressivo.

Uma aulinha de Stan Kenton, já pensaram?

Do Velho "Jazz" ao "Rock and Roll" II[1]

A clareza mozartiana, diatônica, tonal, do velho jazz, que ainda caracterizou o fraseado musical da era do swing – década de 1930, entrando um pouco nos anos de 1940 – foi sendo substituída, aos poucos, por uma complexibilidade harmônica que atingiu sua plena definição na era do be bop, com Charlie Parker e "Dizzy" Gillespie, sobretudo. Agora, a linguagem jazzística adquiria novas características, novas constantes melódicas, não mais oriundas daqueles dois tetracórdios, mas de harmonia dissonante culta, schoenberguiana, atonal, cromatizada. Fruto do salutar relacionamento entre as culturas negra e branca, que permitiu esse salto à frente dado pelo jazz. Se antes tínhamos os negros Louis Armstrong, Teddy Wilson, Duke Ellington e Count Basie, e os brancos Benny Goodmann, Tommy Dorsey, Artie Shaw e outros se influenciando mutuamente, a história se repetiu dessa vez com Charlie Parker, "Dizzy" Gillespie, Stan Kenton, Woody Hermann, em nível mais requintado, mais rebuscado. Um fenomenal músico da antiga orquestra de Count Basie, o saxofonista negro Lester Young, prenunciou a nova linguagem.

1 *A Tribuna*, 4 abr. 1976.

A conhecida costura do fraseado jazzístico passou a apresentar saltos intervalares dissonantes agressivos, que lhe imprimiam um caráter como que cubista no desenvolvimento de sua linha, subitamente acima ou abaixo, em cortes inesperados que lhe abriam novas direções. Tudo isso era consequência da flutuação melódica sobre uma base harmônica dissonante, da música branca.

Tornou-se típico do be bop um final de frase em intervalo de terça descendente, decorrente do acorde de nona, então muito usado. Esse tipo de fraseado, alguns anos depois, influenciaria o nosso samba, até o ponto de ser inteiramente conscientizado e transposto nas duas primeiras frases de uma música que iniciou os caminhos da bossa-nova: "Desafinado". Todo o desenvolvimento dessa obra-prima de Antonio Carlos Jobim está dentro da linha cubista, dissonante, desafinada do be bop. Mais uma prova dos benefícios trazidos pelas aberturas culturais.

Nunca me preocupei com esses problemas de pureza, de raízes nacionais e outras conversas de ordem secundária, isolacionista. Sempre gostei igualmente do jazz negro e do branco, do jazz puro ou do comercial. O que importa é o grau de informação, de criatividade dentro de qualquer um desses aspectos variados. Em sua época, eles eram criticados pelos puristas, por serem brancos; mas hoje ninguém põe em dúvida a validade do som criado por Tommy Dorsey (*the gentleman of swing*), Glenn Miller, Artie Shaw e Benny Goodman (*the king of swing*).

Se fôssemos manter uma posição intransigente, preconceituosa e puritana, como poderíamos, então, classificar a música rock, a mais impura, a mais universal de todas as músicas populares? E mais uma vez vamos encontrar na sua mistura cultural a razão de sua tremenda força expressiva, de seu caráter.

Não vou dar aqui nenhuma aula sobre o rock, matéria em que toda a juventude de hoje é formada e doutorada. Quero somente lembrar que, em sua origem, o rock and roll é uma ramificação do jazz.

Enquanto o jazz propriamente dito começava a escalada a um nível de linguagem altamente elaborado, experimental, notadamente na elasticidade rítmica (desde a era do swing já se nota a tendência para a igualdade no beat, com as notas do contrabaixo, duas para cada tempo, dadas em igual acentuação, sem o forte fraco) surgia um novo tipo de música descaradamente quadrada, com martelada acentuação, dessa vez da fração fraca de cada tempo do compasso. Música de um primarismo total, em comparação com o refinamento cada vez maior do tronco mestre, o velho jazz, do qual ela constituía um desvio quase cômico, ridículo mesmo. É só pensarmos em seu representante mais popular desse tempo, Bill Haley e seus Cometas.

De qualquer maneira, tratava-se de uma bifurcação dos caminhos do jazz, talvez uma reação simplista à sua complexidade crescente. A prova disso está em que o esquema harmônico utilizado era a sequência blues de acordes, partindo da maneira como eram praticados pelo boogie woogie. Uma volta às origens, embora vulgaríssima, aos acordes não dissonantes, ao ritmo marcado, pobre, à escala diatônica, tonal. As polarizações do interesse em torno das notas blues, os falsetes de Elvis Presley (que, curiosamente, encontramos exatamente os mesmos na música folclórica coreana), tudo isso confirma a origem jazzística da música rock. Só uma coisa era nova: o uso da guitarra elétrica. Um dado mínimo que, no entanto, propiciou a grande aventura da música rock, que começaria com os Beatles, um dos maiores fenômenos da história universal da música popular.

Conjunto musical único no seu gênero, acima de tudo inteligente, intelectualizado, realizou em nível de comunicação de massa o ideal poético de seu grande conterrâneo, Robert Browning: "conter numa estrela toda uma constelação". Numa mesma música dos Beatles, em alguns compassos podemos encontrar a ondulação em quartos de tons da cítara indiana, em outros compassos, trompetes barrocos bachianos, mais adiante uma evocação da balada irlandesa, subitamente um efeito experimental concreto, ou eletrônico, *à la* Stockhausen, tudo isso encadeado na mais perfeita colagem. Sem faltar o admirável toque de classe inglês, que lhe garante a unidade. Um exemplo excepcional de adaptação imediata da estética erudita da música nova às finalidades da música de massa, chegando aos extremos de uma verdadeira meditação sobre o "criar musical", sobre os estilos de todos os tempos, de todos os recantos do mundo. Ou seja, à metalinguagem popular. E – agora para meu próprio uso – confirmando mais uma vez o inestimável lucro que traz a mistura impura, vale dizer, o intercâmbio cultural. Basta ver que, para começo de conversa, os Beatles importaram a forma musical que utilizaram dos Estados Unidos. Trocar, sofrer influências é comunicar. E comunicação é o processo humano básico, sem o qual não há vida.

Já nos Estados Unidos, mais perto de suas origens, a música rock mantinha seus laços com a música negra. Digam o que quiserem, a verdade é que Jimi Hendrix e Janis Joplin, talvez os maiores artistas que a música pop norte-americana teve, são dois extraordinários cantores de jazz. Do velho jazz, quando menos se espera, sempre presente com seus lamentos, da oscilação microtonal em torno das notas *blues* à oscilação microtonal, generalizada nas modernas guitarras elétricas.

Padre Padrone, o Mais Que Perfeito Fundo Musical[1]

Mais um fundo musical perfeito, de *Padre Padrone*, também um filme perfeito. É muito raro a própria música constituir um dado componente da obra de arte cinematográfica total. De um modo geral, a música no cinema não compõe, simplesmente comenta, sublinha, decora, reforça. No melhor dos casos, tem o mesmo espírito, ou melhor, a mesma forma do filme, conforme podemos ver/ouvir nos filmes de Fellini (música de Nino Rota), de Chaplin (música do próprio), Eisenstein (música de Prokófiev). Nesse caso, temos o que se chama de isomorfismo. É o que se deseja do bom relacionamento entre imagem e som no cinema. Uma mesma forma e, consequentemente, um mesmo espírito dos dois meios de comunicação. Uma identidade.

Isso sempre bastou para o grande cinema norte-americano. Uma música de apoio, como a de Max Steiner, para Victor Fleming, em *E o Vento Levou*; de Hugo Friedhofer, para William Wyler, em *Os Melhores Anos de Nossas Vidas*; de Alfred Newman, para o mesmo Wyler, em *O Morro dos Ventos Uivantes*. E muitos outros exemplos

1 *A Tribuna*, 25 jan. 1978.

poderemos dar da tradicional boa música de cinema, feita especialmente para filme.

Muito dificilmente a música vale por si mesma, tornando-se uma parte da comunicação artística total, pelo seu significado particular. Quando isso acontece, temos não mais uma identidade, mas duas entidades significativas independentes, cada uma dando o seu recado, a sua informação, porém, num mesmo plano de relacionamento intersemiótico, isto é, de vários signos operando para um fim comum.

Vimos isso acontecer há pouco tempo em *Annie Hall*, de Woody Allen, quando o mundo significativo de Mozart irrompe na teia, inesperadamente, com toda a sua carga informativa própria, contribuindo com um dado a mais – a beleza de sua dramaticidade, do desespero contido para o contexto geral da trama cinematográfica. E agora, mais uma vez, Mozart – novamente a sua dramaticidade profunda, a resignação não contida irrompe na tela, numa das cenas capitais de *Padre Padrone*. Os dois processos sígnicos correm paralelos: o visual e o auditivo. O andamento lento do concerto para clarineta e orquestra de Mozart. Por que sempre Mozart? Porque Mozart sintetizou, como ninguém, todo o sentimento do mundo, o duro ofício de viver, sob a simplicidade, a singeleza de uma música aparentemente superficial. Nem todo musicista intérprete compreende isso, razão por que Mozart é frequentemente mal tocado. Os musicistas têm muito que aprender com Woody Allen e os irmãos Taviani, diretores de *Padre Padrone*, a respeito de como interpretar Mozart.

Mas não é somente o uso da informação que distingue o fundo musical desse admirável *Padre Padrone*. Todas as outras músicas não incidem sobre as cenas, são sempre informações paralelas, válidas por si mesmas, jamais um ornamento. Ouçam o coral colegial, na apresentação dos letreiros do filme, a música concreta dos ruídos naturais, inclusive os fisiológicos, o timbre especialíssimo (outra música concreta) das vozes camponesas nos cantos religiosos, folclóricos, sardos. E a perturbadora (para o herói e para o espectador do filme) valsa vienense tocada pelo acordeão do músico ambulante. Tudo tem significado, nada é decorativo. O uso dessa valsa, nesse momento, é uma das coisas mais incríveis que vi. A valsa nada tem a ver com as montanhas desertas, entra em cena com todo o universo significativo que traz consigo. Um choque de signos. Os realizadores do filme apelaram aqui para a comunicação auditiva, com absoluto senso e domínio dos signos musicais. E mais adiante, espantosamente, compuseram um verdadeiro ideograma musical, pela sobreposição dessa valsa ao canto folclórico camponês. Um trabalho extraordinário já de composição musical!

Vocês vão me perdoar, mas não posso escapar desse reflexo condicionado. De pensar em quando nossos realizadores cinematográficos vão aprender a tratar o fundo musical de seus filmes com tal conhecimento do assunto? Fico imaginando que um filme como este, no Brasil, fatalmente teria (repito) músicas de Chico Buarque ou... Jorge Bem! Mas, pior do que isso, quando faremos um filme como este?

A Propósito da Música de Paixão e Sombras[1]

Não é que o fundo musical do filme *Paixão e Sombras*, de Walter Hugo Khouri, seja alguma maravilha rara, merecedora de um artigo especial; mas ele foi escolhido com critério, o que não acontece frequentemente no cinema brasileiro, e me fez pensar, outra vez, no assunto música e cinema. E me trouxe muitas lembranças.

Lembrei-me, primeiramente, de Rogério Duprat, o velho companheiro de lutas "por uma nova música brasileira", conforme escrevíamos no manifesto que assinamos, publicado em 1963 pela revista *Invenção*, de arte de vanguarda, porta-voz da poesia concreta do grupo Noigandres, de São Paulo. Músico completo, ex-violoncelista da Orquestra Sinfônica do Teatro Municipal de São Paulo, um dos fundadores da Orquestra de Câmara de São Paulo, irmão do musicólogo Regis Duprat (atualmente restaurando músicas do período colonial, compostas por André da Silva Gomes), primeiro compositor a trabalhar um texto concreto (*Organismo*, texto de Décio Pignatari; música para cinco solistas vocais e orquestra de câmara), dono de invulgar cultura geral, sobretudo literária e filosófica, Rogério

---

1 *A Tribuna*, 18 dez. 1977.

Duprat subitamente abandonou o campo inventivo de criação aberta, de signos novos, pelo campo da criação musical popular, em nível de comunicação de massa. Rapidamente se transformou no mais famoso arranjador da era Tropicalista, quando surgiram Gilberto Gil e Caetano Veloso. Ganhou o primeiro prêmio de melhor arranjo no mais importante Festival da Record, com "Domingo no Parque". Não faz muito tempo ainda realizou um excelente trabalho com o arranjo de "Construção", feito para Chico Buarque.

Mas até de fazer arranjos Rogério se cansou. Hoje ele é apenas um próspero homem de negócios, proprietário de um dos melhores estúdios de gravação existentes no Brasil, o Vice-Versa. Para ele a arte acabou, a música acabou. O negócio é consumir. Ele realiza o que encomendam, e pagam. Sem, no entanto, deixar-se envolver pelo sistema. Continua o mesmo Rogério, simpático, amigão, prestativo, capaz de ceder seus estúdios de graça para um músico necessitado.

A última oportunidade que nos resta de poder ouvir alguma coisa de Rogério Duprat está nos filmes de Khouri. Há qualquer relacionamento familiar entre eles (não sei bem qual é), que dá alguma força ao Khouri de conseguir a participação de Rogério em todos os seus filmes, até nesse *Paixão e Sombras*. De todas essas participações, a mais marcante foi a partitura que Rogério compôs para *A Ilha*, em 1962, se não me engano quando ainda era um compositor erudito (que ele não me ouça designando-o por tal nome). Data desse filme talvez sua primeira incursão na música popular: um sambinha bossa-nova que também compôs, tocado por ele mesmo ao violão. A música geral, muito bem bolada, se baseava fundamentalmente no órgão elétrico, usado como gerador de sons eletrônicos, uma novidade absoluta para a época, quando ainda não se falava em sintetizadores e outras bossas eletroacústicas.

Nesse *Paixão e Sombras*, Rogério retomou discretamente essa mesma ideia. Sons isolados, descontínuos, ora de piano, ora de órgão, tudo muito weberniano, vazio, rarefeito. Quem sabe um saudosismo não contido de sua velha paixão pela música da Escola de Viena. O velho Rogério.

Sua música incidia sobre determinado clima cinematográfico, objetivo, concreto. Em outros momentos, foi usada a música barroca de Torelli e o jazz de Coltrane. Tudo com critério, justiça seja feita a Khouri.

Rogério Duprat nasceu no Rio de Janeiro, em 1932. Estudou Filosofia (1950/1954) na Universidade de São Paulo e música no Conservatório Heitor Villa-Lobos, também em São Paulo (1952/1960); composição e harmonia com George Olivier Toni e Cláudio Santoro; e em 1962 frequentou os cursos de férias de Darmstadt, nas classes de Boulez, Stockhausen, Ligeti e Pousseur. Ainda se iniciou na música eletroacústica no estúdio de música eletrônica da Universidade de Karlsruhe, dirigido pelo chileno José Vicente Asuar. De suas obras desse tempo podemos destacar um *Quarteto Para Cordas* (1958), *Concertino Para Oboé, Trompa e Cordas* (1959), *Variações Para 7 Sopros, 5 Cordas e Percussão* (1959), *Organismo*, para vozes e grupo de câmara e percussão (1961), *Mbáepu*, para fagote, trombone, violino, bandolim e xilofone (1961), *Antinomies I* (editada pela Pan American Union, de Washington), para orquestra (1962) etc.

Figura singular, sua presença é realmente muito estranha na história de nossa música. Como ele desistiu de tudo isso, é sempre esquecido de ser incluído entre os pioneiros da música aleatória brasileira (*Antinornes I*); música concreta e eletrônica (*Ludus Mardalis 1-2*), e outras pesquisas genuinamente de vanguarda que ele fez. Foi o primeiro e até o momento único compositor brasileiro que compôs música para computador, sua *Música Experimental* (1967) para fita magnética, feita na USP, utilizando um computador IBM 1620; e outras bolações com mixed-média, como sua *Proseta Umbica Para Orquestra Ambulante*; *Concerto Alimentar, Concerto de Bandeirolas*, um *television event* para músicos silenciosos com bandeiras, sons de *tapes* (1969). Rogério nem quer ouvir falar nessas coisas. "Deixa pra lá…" Um caso muito parecido com o de Erik Satie na história da música francesa do princípio deste século.

Como aconteceu com Satie, agora realmente compreendido e valorizado sobretudo por John Cage (até há pouco era conhecido somente pelas suas maravilhosas *Gymnopédies* para piano), esperamos que o futuro saiba reconhecer em Rogério Duprat um dos maiores compositores brasileiros dessa segunda metade do século XX.

Annie Hall, o Fundo Musical Inteligente[1]

Se eu pudesse dar um Oscar seria para o fundo musical de *Annie Hall*. Mais um, para essa fita tão justamente premiada. Naturalmente, dentro de uma visão muito particular que eu tenho do assunto. Poderão perguntar: mas que fundo musical? Realmente, o filme quase não tem fundo musical. E aqui está um de seus maiores méritos.

Uma longuíssima pausa weberniana, cortada, que eu me lembre, em cinco pontos somente. A própria apresentação do título, nome dos atores etc., é feita sem música. Dois momentos musicais são da atriz Diane Keaton cantando; restam três, portanto, de fundo musical mesmo. No passeio de carro por Los Angeles, um grupo vocal popular ambienta a situação. Na última cena, retorna instrumentalmente a canção de Diane Keaton, apenas em sua clássica cadência ao piano que dá magistralmente um ponto final ao filme.

A grande sacada, no entanto, está no momento em que o casal está no carro a caminho da casa da família de Diane. No mesmo corte para essa cena, o longo silêncio musical é subitamente rompido pela grande fuga da *Sinfonia Júpiter*, de Mozart, emocionante torrente

---

1 *A Tribuna*, 16 abr. 1978.

sonora que invade a tela por todos os lados, mas logo é contida pelo corte seguinte. A impressão deixada por esses breves segundos vale por toda uma trilha musical permanente, como usualmente é feito.

Woody Allen revelou mais um ponto de contato com o mestre que ele tanto admira e homenageia, Ingmar Bergman. Inteligência e sensibilidade no uso da música. Parcimônia. Justa medida. Como dizia outro mestre, este do expressionismo musical da Escola de Viena, Anton Webern, "é preciso saber por que usamos uma nota". Pensar a música. Woody Allen sabe por que usa determinada música em determinado filme. É um dado a mais na própria estrutura do filme. Não uma tintura decorativa, para sublinhar a ação.

É muito raro encontrar no cinema esse tipo de intercomunicação semiótica em que cada área guarda a sua função específica, vale por si mesma, ao mesmo tempo em que todas elas constituem uma só trama estrutural. Woody Allen me fez lembrar outro uso extraordinário da música no cinema, feito por Jean-Luc Godard em *A Chinesa*: em diferentes momentos, inesperadamente ouvia-se um mesmo fragmento incompleto de uma peça para cordas de, se não me engano, Vivaldi. Não tinha nada a ver, obrigatoriamente, com a cena. Não era para comentá-la. Uma névoa musical de um clima barroco italiano entrava sorrateiramente em cena, visitava, observava o que acontecia. O choque de significados alheios um ao outro liberava uma estranha e apaixonante emoção. A música funcionava por si mesma, não correspondia, não simbolizava o visual. Era um dos componentes daquele total artístico.

Godard, Woody Allen e Bergman são autores que compreendem que cada arte fala suas próprias estruturas. Não pretendem identificá-las, portanto; não pretendem traduzi-las uma pela outra, mas relacioná-las dentro de um mesmo design. O Chopin e o Bach em *Gritos e Sussurros*, de Bergman, são os próprios Chopin e Bach, a sua presença significante dentro do contexto do filme, são um reforço para maior clima dramático.

Vai nisso muito refinamento de inteligência, de sensibilidade, sobretudo muito conhecimento de todas as artes, por parte desses três excepcionais diretores. Uma lição para o cinema brasileiro, que dificilmente sabe escapar das poucas opções que lhe oferece a nossa música popular.

Um Povo e Sua Música[1]

Vou passar um ano em Milwaukee, dando aulas como professor convidado na Universidade de Wisconsin. Custei muito a reconhecer os Estados Unidos, que eu sempre tive em minha imaginação, porque não se ouve por aqui ninguém tocando música pelas ruas, nas calçadas dos bares, dos restaurantes. E eu sempre relacionei países, cidades, com sua música, popular ou erudita, conforme o caso. Em Paris, eu sinto a Idade Média, a Escola de Notre Dame, a música gótica, *ars antiqua*.

Em Florença, a Renascença italiana, a música *ars nova*. Em Sevilha, o flamenco espanhol, nas guitarras, castanholas, sapateados, palmas. A canção do tipo napolitano é a marca de toda a Itália. Tudo isso a gente pode ver e sentir rapidamente, na Europa. A qualquer momento, você pode topar com um grupo de amigos sentados no chão da Plaza Mayor em Madrid, tocando guitarra e cantando. Como no Brasil, o povão, fazendo uma batucada. Numa praça de Innsbruck, Rottenburg ou Mantova, do terraço de um palácio ou da porta de uma catedral, subitamente podem aparecer musicistas

1 Artigo escrito em Milwaukee e enviado para o jornal *A Tribuna*, 8 maio 1979.

com roupagem da época, cantando ou tocando Gabrieli, Praetorius ou Widman.

Milwaukee é uma típica cidade do Midwest norte-americano e ama o silêncio acima de tudo. O respeito ao silêncio é sagrado. Fico pensando, às vezes, que somente nesse país poderia ocorrer a ideia de uma música sem som, como o "4 Minutos e 33 Segundos", de John Cage. Mas o problema, para mim, é que esperei encontrar por aqui o Gene Kelly cantando na chuva, a Judy Garland à frente daqueles desfiles de colegiais uniformizados, passar pela porta de um bar e ouvir saindo lá de dentro um som da pesada, no melhor estilo da velha Chicago.

Esperei, na verdade, sentir pelas ruas o espírito dos musicais da Broadway e de Hollywood. Esqueci-me que Hollywood é uma fábrica de ilusões e mitos, que inventou um Estados Unidos que realmente só pode existir em nossa imaginação. Porque o povo daqui é fechado, nada expansivo. Tudo ocorre por trás das portas e janelas, hermeticamente fechadas. E nem poderia ser diferente, pois o frio é de rachar, de quebrar mesmo. E condiciona esse comportamento.

Embora compreendendo o motivo desse retraimento, achava tudo muito estranho, nada correspondia ao que a música popular norte-americana significa para mim. Espantava-me saber que o fabuloso *band-leader* Woody Herman é filho dessa cidade (inclusive já tocou aqui duas vezes nesse ano), que o lendário trombonista Jack Teagarden foi um dos ídolos locais. Na verdade, tem tudo para a gente ouvir e ver em Milwaukee, mas em teatros ou num auditório de massa chamado Arena. É passagem obrigatória dos maiores nomes e grupos teatrais ou de musicais da Broadway.

Mas não é isso que me interessa. Esses grandes nomes também vão ao Brasil, podemos ver aí mesmo. Queria sentir um certo intimismo, penetrar no espírito musical do povo. Foi difícil, mas consegui aos poucos. Comecei a reconhecer o que buscava em pequeninas coisas. Perto do meu apartamento, uma cafeteria muito simpática, que vende coisas importadas (inclusive café tipo Santos), tem um piano à disposição de quem quiser tocar. E sempre aparece um freguês, às vezes um senhor ou senhora de meia-idade, às vezes um jovem estudante, que senta ao piano e fica tocando, divagando sobre melodias populares ou mesmo improvisando. É nesse momento que eu sinto o coração norte-americano se abrir. E me comovo, pois se estabelece uma comunicação humana pela música, entre eu e a alma norte-americana.

É ali nesse Coffee Trader que tenho visto, ou melhor, ouvido, se revelar a emoção desse povo sentimental. Através de seu grande veículo, a música. O povo norte-americano é extraordinariamente musical. Falo mais de sua música popular, do jazz, do rock, da canção de musical, até mesmo da sua música caipira, a *country music*.

O que estranhava a princípio, deixei de estranhar. E compreendi o quanto o próprio sentimentalismo nostálgico de sua música deriva de um romantismo de caráter alemão. É a emoção contida. Contida também pelo frio. Interiorizada. Dentro de casa. O latino, de clima quente, ao contrário, exterioriza sua emoção. É o sentimental aberto, expansivo, apaixonado. Canta alto seus sentimentos, nas calçadas das ruas. A ópera italiana.

Um blues, uma canção de bar, no estilo da Chicago dos anos de 1920, tem toda a nostalgia do *lied* germânico. De fato, era impossível eu encontrar essa música pelas ruas norte-americanas. Por isso, não reconheci de imediato o povo norte-americano. Agora, pelos contatos mais intimistas, mais reservados, estou realmente encontrando essa gente calada, que não nos olha quando nos cruzamos.

Outro ponto de encontro é o Kenwood Inn, localizado na enorme Union dos estudantes da Universidade de Wisconsin, onde podemos escolher entre todos os tipos de entretenimento. Cinemas, conferências, concertos, televisão em diversos *lounges* e uns três bares, um dos quais este Kenwood Inn, onde toda segunda-feira os estudantes tocam jazz. Aqui também tenho sentido o povo norte--americano através de sua música. Música feita pelo homem comum, pelo estudante, não pelo profissional.

Quem quiser, nesse bar, pode subir ao estrado e tocar ou cantar qualquer música. Um dia, em que tocaram "Garota de Ipanema", convidaram-me para bater uma das percussões. Há também um hotel de luxo, o Pfister Hotel, onde duas vezes por semana, à tarde, toca uma excelente pianista negra.

Mas a maior oportunidade de sentir a alma norte-americana tem sido nas minhas aulas de arranjo coral. Peço aos meus alunos para comporem arranjos baseados em músicas populares e folclóricas. Depois, cantamos os arranjos em classe. E é nesse momento que, profundamente, eu sinto que estou nos Estados Unidos, em meio às melodias mais significativas desse país, arranjadas por jovens norte-americanos, cantadas por eles mesmos. Outro dia, uma aluna fez um arranjo do "Blue Hawaii", de Robin & Rainger. Que emoção cantar com os alunos essa extraordinária canção, que embalou minha infância praieira em Santos.

Que poder de comunicação tem a música, sobretudo a cantada. Nesse momento, eu encontro a explicação a uma pergunta que eu vinha me fazendo, intrigado: como pode um povo assim, aparentemente frio, ser o autor de uma música tão carregada de sentimento romântico?

Na Velha Chicago[1]

Essa dupla Milwaukee-Chicago faz lembrar um pouco a nossa dupla Santos-São Paulo. Uma cidade tranquila, aprazível, bem perto de uma grande cidade, com tudo para ver, mas que tem os problemas de uma grande cidade. Todo mundo por aqui diz que é bom morar nessa cidade e, se preciso, passar o dia em Chicago para tratar de negócios ou ir a um concerto ou museu. A viagem de hora e meia pode ser feita por ônibus ou trem, é muito confortável, partindo do centro de uma cidade e chegando ao centro de outra, tudo muito fácil.

Chicago é uma cidade fascinante, que imediatamente nos transporta para os *roaring twenties*: a gente espera a qualquer momento rever o James Cagney numa esquina, de metralhadora na mão, preparado para assaltar um banco. Não adianta, não tenho jeito, esse país para mim sempre significará uma imagem cinematográfica ou musical. Penso em *Na Velha Chicago*, um velho filme de Tyrone Power, Don Ameche e Alice Faye. Essa é uma cidade que rivalizou, nos anos de 1920, com Nova Orleans. Estilo Chicago versus estilo Dixieland. Tempo da lei seca, num porão escondido, gente bebendo entre a

---

1 *A Tribuna*, 27 maio 1979.

fumaça dos cigarros, um bar clandestino fornecido pelos gângsters. E junto a um piano de armário, uma cantora de jazz, uma melodia nostálgica, um blues, "My Old Flame" ou "Sentimental Lady". Mas tem também a música das linhas arquitetônicas da famosa Escola de Chicago, os edifícios construídos por Louis Sullivan, uma espécie de *art nouveau* norte-americano. Nem todo mundo sabe que os arranha-céus foram inventados aqui, não em Nova York. Depois do incêndio que destruiu toda a cidade, bolaram essa novidade de prédios de "Muitos andares". E ainda mantêm a tradição com a Sears Tower, o prédio mais alto do mundo. E outros, moderníssimos, realmente impressionantes pela altura, beleza e arrojo de linhas como o John Hancock Center, Marina City, e um banco projetado pelo Mies van der Rohe, com uma escultura de Calder ao seu lado.

E em frente ao Art Institute of Chicago, onde podemos ver desde um gigantesco retrato de Mao Tsé-Tung pintado por Andy Warhol até uma das mais importantes coleções impressionistas do mundo, está focalizado o Orchestra Hall, que abriga a Orquestra Sinfônica de Chicago, uma das melhores do país. Aí, há pouco tempo, o prodigioso pianista italiano Maurizio Pollini, acompanhado pela orquestra, tocou um concerto de Schumann. Pollini é, no momento, um dos maiores intérpretes da música contemporânea, com gravações de peças de Boulez, Luigi Nono, Stravínski. E por falar em música contemporânea, entre dezembro e janeiro a ópera de Chicago realizou a estreia mundial de uma obra que havia encomendado em 1973 ao compositor polonês Krzysztof Penderecki, como um tributo ao bicentenário da independência norte-americana. Penderecki levou cinco anos trabalhando em sua ópera, *O Paraíso Perdido*, baseado no texto de Milton, concebida não no sentido da ópera romântica do século XVII. Nesses dois meses, com a presença do compositor, Chicago foi o centro da atenção mundial para com a música de vanguarda.

Andando pelas ruas de Chicago podemos ainda topar com uma escultura de Picasso, um mosaico de Chagall, casas residenciais desenhadas por Frank Lloyd Wright e o imenso lago Michigan à frente de tudo isso. O mesmo lago que está à frente de Milwaukee. E eu disse no começo que Milwaukee seria como que a Santos dessas bandas. Mas, infelizmente, não é bem assim. Vejamos.

Milwaukee traz todos os espetáculos de rotina de Chicago. Não assisti o Pollini aqui, porque há um ano as entradas estavam todas vendidas. A vida musical, cultural da cidade é intensa. Além dos concertos da Sinfônica de Milwaukee, temos uma ou duas vezes por mês a Sinfônica de Chicago e famosas recitalistas no Performing Arts Center. Ou num teatrinho muito pitoresco, que vem do século passado, o Pabst Theater, no qual a todo momento espero ver o James West saltar pelos camarotes (ah, as eternas conotações cinematográficas!). E, ainda, as programações culturais no campus universitário. Nesse ano tivemos alguns excelentes simpósios. Um sobre ritmo e percussão no Leste e Oeste, com a presença do compositor norte--americano Lou Harrison, companheiro de Cage nos primeiros anos de experimentalismos musicais; e um notável etno-musicólogo de Gana, que batucou uma percussão de sua terra que me transportou imediatamente para os candomblés da Bahia. Um cara sensacional, muito comunicativo. Tivemos outra grande mostra sobre o expressionismo germânico, com a coleção da cidade, que é respeitável, e conferências e concertos, com músicas de Schoenberg, Webern, Berg e outros monstros da Escola de Viena.

O Quinteto de Sopros, o Quarteto de Cordas e a soprano Yolanda Marculescu, todos professores nessa Universidade de Wisconsin--Milwaukee, são do melhor nível profissional, com vários discos gravados. E participam de todas essas atividades culturais. Outros importantes nomes da música norte-americana de hoje têm feito apresentações por aqui, como o compositor Gunther Schuller, líder da chamada terceira corrente, que visa fundir o *post*-serialismo darmstadtiano ao jazz. Alvin Lucier, ligado a um importante grupo experimentalista do qual também faz parte Robert Ashley, também apresentou sua *Music for Solo Performer*, feita de suas ondas cerebrais amplificadas. Lucier foi apresentado pelo Center for 20th Century Studies, da Universidade de Wisconsin, o mesmo que já apresentou, no ano passado, o poeta concretista brasileiro Haroldo de Campos, o famoso novelista espanhol Juan Goytisolo e outros nomes como

Robert Irwim, Clement Greenberg e esse grande inovador no campo da videoarte que é Nam June Paik, ex-integrante do histórico grupo Fluxus, de Colônia, porta-voz da mais radical vanguarda alemã. Uma série de concertos muito especial é a Music from Almost Yesterday, dedicada à música contemporânea, que já apresentou nesse ano acadêmico mostras da música polonesa, dinamarquesa e brasileira, pelos pianistas Andrzej Dutkiewicz, Poul Rosenbaum e Caio Pagano. Da mostra dinamarquesa, além de seu nome mais conhecido, Carl Nielsen, chamou-me a atenção uma peça interessantíssima, *7 Recitativas*, do jovem compositor Poul Ruders, algo realmente novo em termos de música nova.

Yehuda Yannay é o diretor dessa série de concertos e também muito interessante compositor, sobretudo na linha do teatro musical, com essas obras já estreadas recentemente no Hartley House Theater de Nova York: *Decline and Fall of The Sonata in B, Autopiano, Wraphap, Houdini's, Ninth*. Yannay tem em vista visitar o Brasil e participar do nosso Festival Música Nova de 1980. É a boa nova que posso adiantar. Esse é o início de um intercâmbio musical entre a música nova brasileira e a norte-americana. Ou, mais precisamente, entre Santos e Milwaukee.

Sinfonia de uma Cidade[1]

Já falei da minha frustração nos primeiros meses de Estados Unidos, em busca da decodificação do enorme significado musical que esse grande país sempre teve para mim. Passei uma infância e adolescência marcadas pela música popular norte-americana, o jazz e os musicais da Broadway e Hollywood que via no cinema, o que me levou à criação de uma bem determinada imagem, difícil de ser reconhecida em Milwaukee, onde tudo estava muito enrustido. Mesmo em Chicago, no fundo uma capital interiorana do Mid-West, as coisas também se guardavam, muito escondidas. Mas Nova York foi a revelação de tudo, claramente, rapidamente.

De repente, estou na rua 42, não é possível! Não consigo prestar atenção nos marginais, prostitutas, que agora infestam a rua. Transporto-me para outra rua 42, de Busby Berkeley, em 1935, o clássico da Warner, com Ruby Keeler e Dick Powell, as músicas de Harry Warren e letras de Al Dubin. O que me faz pensar em outras duplas igualmente famosas, de colete e charuto na boca, a porta de vidro com os nomes deles à maneira de firma comercial: Robin & Rainger,

1 *A Tribuna*, 2 set. 1979.

Fields & Kern, Rodgers & Hart, Dubin & Warren. Pelas lojas de discos, vou comprando todos os Fred Astaire, James Cagney, Alice Faye, Dorothy Lamour que encontro. É a Nova York que o cinema construiu para mim, e que agora estou sentindo ao vivo.

Em outro dia, quando menos esperava, estava indo de *subway* com alguns companheiros, às onze horas da noite, para a Times Square, a fim de assistir a passagem do ano. Enveredávamos pela aventura menos recomendada ao visitante da cidade. O cheiro de maconha era assustador, por toda a parte. Mas meu amigo Bob, norte-americano de Nova Jersey, nos tranquilizava: "É o carnaval da cidade, não tem perigo." De fato, uma espécie de carnaval, mas muito estranho, sem música, com o povão adoidado pulando, dançando, tocando apitos, cerveja na mão, à espera de algo que deveria acontecer no alto de um prédio à meia noite. Algumas pessoas rolavam pela rua, completamente bêbadas.

Tudo isso sob o olhar impassível dos policiais, de porrete na mão, cuidando de proteger a propriedade privada, cercando as calçadas de modo a impedir nossa aproximação das vitrines. Mas tudo bem, era uma impressionante festa popular com seus perigos normais, conforme nos garantia Bob e Patrícia, sua mulher chilena. Eles já tinham visitado o Brasil e conheciam nosso carnaval.

Mas tem o outro lado de tudo isso aí. Em noite anterior, tínhamos visto Liv Ullman, em pessoa, no palco, no musical (imaginem!) *I Remember Mamma*, logo depois de vê-la na tela em *Autumn Sonata*, de Bergman. Na saída, um teatro à esquerda apresentava *Claudette Colbert*, e outro à direita, Al Pacino em *Ricardo III*, de Shakespeare. Não dava para ver tudo, infelizmente. Ainda assim assistimos o musical *Dancing*, de Bob Fosse, e a grande bailarina californiana Cynthia Gregory, do American Ballet, que me deixara encantado num *short* (curta documental) cinematográfico em que ela dança o "Cânon em Ré" de Pachelbel. E jantamos no lendário Rainbow Room.

Uma tarde me surpreendi, no vaporeto que leva à Estátua da Liberdade e dá a volta à ilha. Quando passávamos sob uma daquelas conhecidas pontes, o guia que nos descrevia o passeio – 72 anos, alto, esbelto, origem irlandesa, vermelho do sol, boné de oficial de bordo – comentou filosoficamente: "Estão vendo, aí em cima, no meu tempo, passavam animais, carroças, bicicletas, gente a pé. Agora passam automóveis, essa coisa obsoleta, egoísta, antiecológica, que me parece com os dias contados. Mas... gente a pé e bicicletas estão voltando!"

Nunca me esquecerei de suas palavras, que espero sejam proféticas. Em outro ponto, o velho apontou um monte de carros velhos, abandonados: "Vejam, olhem bem, mora gente ali, mora gente ali..."

À noitinha, reencontramos esse velho marinheiro nova-iorquino curtindo seu whiskyzinho aristocraticamente, num bar do Waldorf--Astoria ao lado do histórico salão em que a orquestra de Eddy Duchin deleitava seus ouvintes nos anos de 1930.

Velhos e Memoráveis Repertórios[1]

Como todo frequentador de teatros, gosto de guardar os programas dos espetáculos que mais me impressionam. Também pela importância do próprio teatro. A gente não se desfaz de um programa do Musikverein de Viena, do Mariínski de São Petersburgo, seja lá o que tenhamos assistido. Pois bem, num dia muito louco, só porque eu tinha mudado para um apartamento pequeno, e de vida também, resolvi fazer uma limpeza e joguei fora todos os programas que guardara até aquele momento, incluindo um com o autógrafo de Johnny Hodges, colhido na Sala Plevel de Paris, num concerto da orquestra de Duke Ellington. Hodges fumava um cigarro, durante o intervalo, no fundo do corredor ao lado dos camarotes, e eu me aproximei, estendi o programa, não falei nada. Quase sem me olhar, ele assinou, me devolveu. E eu pensei: pode me tratar com essa displicência, meu caro, você toca bem demais!

Tenho agora nova coleção, mas não é a mesma coisa. Como dói não ter mais o programa do primeiro concerto que assisti na vida, nos meus doze anos: o mitológico Alexander Brailowsky tocando no

1 *O Estado de S.Paulo*, 18 out. 2010.

Cine Theatro Casino, aqui em Santos, num domingo pela manhã. Minha mãe tinha verdadeira paixão pela música e me levava a todos os concertos. Gostávamos muito de ouvir à noite as rádios culturais, principalmente a Rádio Municipal de Buenos Aires e o Serviço Oficial de Difusão Rádio Elétrica de Montevidéu, o famoso Sodre. E, posteriormente, o histórico Música dos Mestres, da Rádio Gazeta, dirigido pela Vera Janacópulos. Foi a minha era do rádio, minha formação musical ouvindo os extraordinários artistas dessa época.

Em Santos pegávamos bem as estações radiofônicas estrangeiras próximas, em ondas largas. Às vezes a onda sonora se distanciava lentamente, a música soava bem ao longe, quase desaparecia, depois voltava, aos poucos, o que nos transportava a um estado de sonho, de poesia, embalados por esse movimento docemente misterioso, espacial. Verdadeira música das esferas. Anos depois eu iria ver pessoalmente alguns desses artistas maravilhosos que encantaram minha juventude, via rádio. Artistas dos quais ninguém mais fala, como os violinistas Jascha Heifetz e Fritz Kreisler, este último também delicioso compositor num estilo vienense mais leve. Os pianistas Edwin Fischer, Arthur Schnabel, quem ainda se lembra dessas maravilhas? Esses velhos artistas viveram mais próximos do século xix, alguns chegaram a estudar com algum aluno de Liszt. Sabiam, portanto, como Liszt e Chopin interpretavam. Ninguém, hoje, toca como eles. Predomina a velocidade, como numa competição esportiva.

Fins dos anos de 1940, numa noite gelada em São Paulo, pude ouvir no Teatro Municipal o extraordinário Wilhelm Bakhaus. Que emoção, sua abertura do programa com o *Concerto Italiano* de Bach. Não se toca mais assim, com tal precisão e limpidez. Alguns anos depois, no mesmo teatro, Wilhelm Kempff, outro gigante. Ao lado de Backhaus e Schnabel, são os três maiores intérpretes de Beethoven e Brahms. E sempre ali no Municipal, o então muito jovem violinista Isaac Stern, o Quarteto Húngaro, em *A Morte e a Donzela,* com o violoncelista olhando para mim e meu amigo Gastão, na primeira fila, sabendo o quanto estávamos fascinados pela sua interpretação.

Quatro vezes Walter Gieseking, a última no Teatro Municipal do Rio, quando subimos ao palco e ficamos ao redor do piano, enquanto ele tocava a *Suíte Bergamasque*, logo ele, o maior intérprete de Debussy. Lily Kraus, no Teatro Cultura Artística, a pianista que me introduziu a Bartók e me arrebatou com sua apaixonada *Kreutzer*, de Beethoven. Todos eles, artistas que eu escutara nas velhas emissoras de rádio. E minha coleção de programas e autógrafos crescia, cada vez mais rica.

Mas me faltou ver o violinista Adolf Busch, também regente, e seu genro, o admirável pianista Rudolf Serkin. Com sua lendária orquestra de câmara, Busch deixou uma impressionante interpretação, lentíssima, daquela famosa ária de Bach, da *Suíte n.3*, que hoje todo mundo interpreta tão mal, tão rápido. Muitos anos atrás, meu irmão Erasmo, professor emérito da USP, a trabalho na Itália, ouviu Busch em Nápoles, e pediu um autógrafo, não para ele, mas para mim, explicando que eu o admirava muito, que pretendia ser compositor um dia. Busch me fez no programa uma bela e longa dedicatória, além do autógrafo. E o programa, onde foi parar? Na lata do lixo, junto com aqueles outros que também joguei fora. Uma decisão inexplicável. *Les choses de la vie!*

Um Toque de Classe na Música Brasileira[1]

Já escrevi sobre a surpresa que tive ao ouvir no cinema a bela inglesinha, que é Keira Knightley, numa cena no metrô de Londres, sob pesado bombardeio alemão durante a guerra, cantando deliciosamente o tema musical de *Ódio no Coração,* composto por Alfred Newman. Uma das músicas de minha vida! E agora minha querida amiga Tereza Vasquez me traz de presente um DVD com exatamente essa paradisíaca história dos mares do sul, comoção de minha juventude.

Oceânica, devoradora, uma história que me seduziu de maneira incomun: fiquei literalmente apaixonado pela Gene Tierney naquele papel de uma adorável nativa de olhos claros, cor do céu. Coisas que só pode entender gente ligada ao mar, a Conrad, Somerset Maughan, como somos eu, a amiga Tereza e um inesquecível companheiro de andanças musicais que já partiu para sua derradeira viagem. Sim, estou falando do compositor José Antonio Almeida Prado, nascido em Santos, "porto mítico, cidade de forte vanguardismo cosmopolita, que iria definir seu futuro universalismo estético", conforme bem explica o escritor Flávio Amoreira. Onde ele viveu por um largo tempo,

1 *O Estado de S.Paulo,* 25 dez. 2010.

no feérico, trepidante Gonzaga, do saudoso Parque Balneário Hotel, e também do aristocrático solar da sua família, "paulistas de quatrocentos anos", renomados exportadores de café.

E um dia, quem me pergunta se poderia levar à minha casa certo jovem compositor que gostaria muito de conversar comigo? Sempre Tereza, no seu eterno elã de costurar ligações culturais. Já o conhecia de vista, e de nome, como um dos mais promissores alunos de Camargo Guarnieri. Nossa intimidade foi imediata, o que acontece com velhos marinheiros, apesar de eu ser vinte anos mais velho. Como ainda bem observa Flávio Amoreira, "unia-nos o sentimento atlântico do mundo, que nos torna brasileiros da costa, abertos a experimentos que nos chegam como exotismos flutuantes".

Mar, belo mar selvagem de nossas praias solitárias, escreveu Vicente de Carvalho em uma de suas canções praieiras. Era o que nos irmanava, desde o começo de nossa amizade. Mas havia uma pedra em nosso caminho, diria outro poeta. Almeida Prado queria apresentar uma obra sua no Festival Música Nova. Expliquei pacientemente que teríamos o maior prazer, mas ele precisaria mudar a linha estética que vinha seguindo. A ansiedade sua era tal que ele mudou, rapidamente, compondo uma peça para violino e piano já dentro da linguagem musical que caracterizava nosso festival. Uma ruptura fatal que iria mudar fundamentalmente o que ele iria compor dali para frente.

Muito gentilmente, Almeida Prado gostava de dizer que estudou comigo. Não é verdade, ele não precisava disso. Eu é que deveria ter estudado com ele, já que, na verdade, estudei pouca música, comecei tarde. Ainda componho de ouvido, muitas vezes. O que eu fiz foi colocar todos os meus livros, revistas e partituras à disposição dele, além de conversarmos muito sobre música, o que muitas vezes funciona como verdadeiras aulas. E nesse caso eu também aprendi muito com ele.

Grande conversador, era delicioso seu humor, suas provocações, a finura com que compreendia a natureza musical de seus amigos. Tanto ele como eu tínhamos muita atração pelas citações, pelo *kitsch* musical cinematográfico. Uma vez ele me deu de presente um LP com as músicas do filme *Rapsódia,* grande sucesso de público, insistindo para que eu fizesse uma sonata para piano e violino citando, como temas, as obras tocadas no filme pelos dois intérpretes que disputavam o amor de Elizabeth Taylor, um deles Vitório Gassman. Achava que fazia o meu gênero. Fiquei devendo.

Como colegas, iríamos nos encontrar algumas vezes em festivais de música no exterior. Não me esqueço daquela viagem muito louca de Madri a Toledo, num velho carro encrencado do saudoso compositor português Jorge Peixinho. Depois eu ainda me encontraria com Almeida Prado em Paris, só para algumas caminhadas pelo Boulevard Saint-Germain-des-Prés e *un café crème avec croissant* no Les Deux Magots. Num restaurante em Colônia, Alemanha, lembro-me bem da sua ansiedade, recém-casado, para conseguir falar pelo telefone com sua admirável esposa, a mãe futura de suas igualmente admiráveis filhas.

Só nos resta agora olhar para cima, como experientes comandantes, e através das *Cartas Celestes* de nosso saudoso amigo descobrir por sobre quais ondas sonoras ele vai navegando, vai temperando, à espera dos amigos.

Chopin & Schumann, as Faces de um Mesmo Romantismo[1]

Os dois se admiravam. Schumann chegou a fazer de Chopin um personagem de seu famoso *Carnaval*. Neste ano comemoramos o bicentenário do nascimento de Fryderyk Franciszek Chopin, em Zelazowa Wola, Polônia, e Robert Alexander Schumann, em Zwickau, Alemanha. As faces pop e *cult* de um mesmo romantismo musical.

Schumann, mais intimista, literário, para pequenos grupos intelectualizados. Chopin é a música para milhões, como já mostrou o cinema norte-americano. Carismático, pede devoções fervorosas, romarias aos lugares por onde andou, viveu, amou. A ilha Maiorca e George Sand, *la femme fatale*!

Lembro-me de Viena, no Festival da Juventude, 1959, um concerto maravilhoso do grupo Mazowsze, no mitológico Konzerthaus, as músicas folclóricas da terra que Chopin tanto amou! E depois a volta para o acampamento, por sorte no mesmo ônibus que os poloneses, cantando as mesmas músicas. Inesquecível a presença de Chopin! Ah, as mazurkas, sobretudo a opus 17, n. 4, sua mórbida melancolia, quase já um expressionismo musical, que Bergman soube

---

1 *O Estado de S.Paulo*, 1º maio 2010.

tão bem usar em *Gritos e Sussurros*. Varsóvia, vindos de Moscou, via a histórica cidade russa Smolensky. No primeiro dia pelas ruas, alguém bate a mão em meu ombro e pergunta se sou brasileiro. Como adivinhou? A velha máquina fotográfica Kapsa, brasileira, que eu levava nas mãos. O surpreendente cidadão vivera alguns anos no Brasil, trabalhando numa loja de fotografias. Foi o meu guia durante os dias que passei em Varsóvia, ainda destruída pela guerra. Mas deu para ele me mostrar um café frequentado pelo jovem Chopin e, mais impressionante, a parede onde está seu coração, numa velha igreja. Contou-me que Chopin tinha medo de ser enterrado vivo e pedira para perfurarem seu coração, depois de sua morte. Assim, a França ficou com o corpo e a Polônia com o coração. As duas pátrias de Chopin.

E em Paris, nova romaria, agora ao seu túmulo no cemitério Père-Lachaise e à Place Vendôme, para derramar algumas lágrimas debaixo da janela do quarto onde morreu. Sem esquecer uma visitinha ao Louvre, para ver seu belo retrato pintado por Delacroix.

Mas não se iludam com esse turismo e a imensa popularidade de Chopin. Sem dúvida, ele tem todo esse lado pop, mas no fundo é um compositor para eleitos, por excelência. Tem aquela leitura popular, que só procura nele certo caramelado melódico, a harmonia já piano-bar. Mas, de um outro ponto de escuta, vamos verificar que ele é um dos pilares do desenvolvimento da linguagem musical ocidental. Seus "Prelúdios" e "Estudos" equivalem ao "Cravo Bem Temperado" de Bach. Chopin é o pai da harmonia moderna, desenvolvida posteriormente por Debussy. Sem os dois, não existiria a bossa nova nem o jazz de um Bill Evans.

Bem menos turismo com Schumann, mas não deixei de pensar muito nele enquanto andava pelas ruas de Leipzig, onde ele morou. E de me comover em Chicago, trinta anos atrás, ouvindo seu concerto para piano e orquestra com o grande Pollini, e agora mesmo, em Santos, minha cidade, o mesmo concerto com a magnífica Dana Radu.

Basta-me dizer, de Schumann, que ele foi minha primeira grande paixão musical, logo que comecei a estudar piano, aos dezenove anos. Ah, seu *Jugend-Album*! Depois veio a paixão pelo Warum, uma das suas *Phantasiestucke,* por aquele acorde arpejado no compasso 13, o mesmo que Chopin usou no comecinho de seu "Estudo n. 1 op. 25". O mesmo, ainda, a motivar meu "Warum Blues", que compus a pedido do pianista holandês Marcel Worms, para um CD de blues eruditos que ele gravou em Amsterdã. Eu sentira em Schumann, na sequência em seguida a esse acorde, uma curiosa relação com certa característica passagem harmônica do velho jazz. Relação que desenvolvi! Estranha, sedutora, muita tentação para resistir!!

Pianolatria Brasileira[1]

O grande Mário (de Andrade, sempre ele!) gostava de implicar com a pianolatria brasileira, como ele chamava nosso interesse desmedido pelos pianistas, pelo piano. Logo o piano, esse admirável, apolíneo instrumento, que sabe enfrentar de maneira soberba seu principal antagonista, o diabólico, dionisíaco violino. Ouçam a *Sonata a Kreutzer*, de Beethoven, a extraordinária dignidade com que os dois instrumentos se apresentam um ao outro, se defrontam antes de entrar em luta!

Ultimamente andaram falando muito na pianista Guiomar Novaes, e me deu vontade de entrar nessa conversa. Procurei me lembrar de seus concertos em Santos, onde eu moro. Como diria meu inesquecível amigo Haroldo de Campos, posso também dizer, orgulhoso: eu vi, meninos! A grande Guiomar Novaes tocar o *Concerto para Piano e Orquestra n. 4* de Beethoven, uma especialidade dela, acompanhada pela Sinfônica Brasileira e Eleazar de Carvalho, no Clube Atlético Santista. O mesmo concerto que ela gravou com a Sinfônica de Viena regida pelo histórico Otto Klemperer. Outra

---

1 *O Estado de S.Paulo*, 29 maio 2010.

apresentação, Guiomar somente, num enorme salão lotadíssimo do Colégio São José. Curiosamente, fiz a crítica a esse concerto para o jornal santista *A Tribuna*.

Procurei o artigo em meus arquivos, para ver se descobria alguma coisa interessante para transcrever aqui, mas não o encontrei. Estranhei, eu guardo muito bem minhas coisas! Pensei, pensei, e cheguei lá. Eu tinha me censurado! Acho que joguei fora o artigo, envergonhado por ter feito um comentário desfavorável a uma pequena passagem da *Sonata opus 111*, de Beethoven, que a Guiomar tocara de um jeito de que não gostei muito. No geral, obviamente, elogiei bastante. Mas se o próprio (e imenso) Debussy amou tanto ouvir a jovem Guiomar em Paris, quem era eu para fazer a menor restrição à sua interpretação?! Rasguei a crítica. Não quis guardar aquela prova de minha irreverência. Por essa época eu era ainda jovem, e um tanto impertinente. Mas, sobretudo, ainda jovem. Ah, o doce pássaro da juventude!

Dano e reparação. Quando Guiomar morreu, eu dava aulas na Universidade de Wisconsin-Milwaukee, e todos os colegas com os quais cruzei naquele dia vieram falar comigo. Parecia que me davam os pêsames pela morte de um parente meu próximo. Pude sentir, emocionado, quanto ela era respeitada nos Estados Unidos. Outra vez, professor visitante na Universidade do Texas, em Austin, novamente me emocionei muito ao ouvir pela rádio cultural da cidade um programa só com interpretações de Guiomar Novaes, dentro de uma série que apresentou o que chamaram de "os grandes mestres do piano no século xx".

Se falamos em Guiomar, logo vêm à lembrança Antonietta Rudge e Magda Tagliaferro. A santíssima trindade da pianolatria brasileira, famosas alunas do mitológico professor Chiaffarelli. Guiomar brilhou nos Estados Unidos. Tagliaferro na Europa, amiga de Alfred Cortot, Ravel, Poulenc. Marcaram profundamente minha educação musical as quatro aulas-concerto que ela deu em Santos em plena guerra, blecaute total nas ruas. Parecia Londres, mas sem os bombardeios, só o lado romântico. A gente ali dentro do Cine Theatro Casino, aconchegados, ouvindo Magda falar sobre Beethoven, Chopin,

Schumann e Debussy. E depois tocá-los. Era a abertura de uma nova escuta para esses compositores tão fundamentais.

Antonietta Rudge não quis brilhar no exterior, mas foi a preferida de Mário de Andrade entre as três fenomenais pianistas. Isso basta. Sou suspeito para falar, porque fui aluno dessa ilustre senhora. Só assisti a um concerto dela, no Theatro Colyseu de Santos, talvez o último de sua carreira. Mas não precisava ir a seus concertos. Tive o privilégio de ouvi-la tocar só para mim! As peças que ela me mandava estudar. Já pensaram o que é ouvir "Des Abends" e "Warum", de Schumann, tocadas pela grande Antonietta? E só para você?

Até Tu, Maria João?[1]

Já conversei com amigos, entre um bar e outro dos sábados à noite, sobre este fato bastante curioso: o intelectual brasileiro, quando interrogado sobre suas preferências literárias, vai logo citando Machado de Assis, Kafka, Proust, sem esquecer, naturalmente, James Joyce. Nas artes plásticas, Paul Klee, Lasar Segall, Joseph Beuys. No cinema, Jean-Luc Godard, Glauber Rocha. E na música? Caetano Veloso e Chico Buarque.

Verdade que são respostas de escritores, pintores, cineastas. Para eles, essa música de estranhos e suspeitíssimos compositores chamados eruditos, e ainda por cima vivos, andando por aí, simplesmente não existe. Especialmente a brasileira.

Surpreendeu-me agora a excelente pianista portuguesa Maria João Pires, na revista *Mbaraka*, declarar seu extremado amor a Beethoven, Mahler, Bach, Schubert e... Caetano e Maria Bethânia.

Como diria Júlio César, até tu, Maria João? Até na área da própria música a história vai se repetir? De fato, vejam agora mesmo o que inaugurou solenemente a tão badalada Flip, em Paraty. Um show

1 *O Estado de S.Paulo*, 21 ago. 2010.

de Edu Lobo. Compositor popular que muito admiro e respeito, porém, todavia, contudo... Ele mesmo declarou que leu pouca coisa, não é um conhecedor da obra de Gilberto Freyre, o homenageado do ano. Um evento mundialmente conhecido como esse, aberto por um ex-presidente do país, o glamouroso sociólogo Fernando Henrique Cardoso, merecia uma cerimônia mais condizente com suas características de refinadíssimo encontro da alta cultura literária.

Mas tudo bem, o mundo não vai acabar por causa disso. É esquisito, no entanto, que aconteça. Ainda na Flip do ano passado, lembro-me da presença do norte-americano Alex Ross, excelente crítico musical da revista cultural norte-americana *The New Yorker*. Ele veio falar sobre a "serious classical music" de nosso tempo a uma plateia que provavelmente nunca ouviu falar em tal coisa.

Palavras ao vento! Pode ter sido muito engraçado, mas talvez chocante para o conferencista, que lançava seu excelente livro *O Resto é Ruído*. Não deve ter contatado compositores brasileiros, porque jamais são convidados para reuniões dessa natureza. Ilustres desconhecidos!

Mas voltemos a Maria João Pires. Mil perdões pela liberdade que tomei em citar seu celebrado nome. Mas não foi em vão. Na verdade, você é uma das minhas pianistas mais queridas. E até que eu me sinto meio implicante, irreverente com certos intérpretes consagrados.

Por exemplo, a despeito de Martha Argerich ser uma fenomenal pianista (e que bela mulher, aquela beleza argentina, meio índia), me surpreende como toca superficialmente os Prelúdios de Chopin, especialmente o n. 6, no qual não dá aquele expressivo acento que Egon Petri imprime, no compasso 22, ao acorde ré-fá-lá do terceiro tempo. Pollini dá esse acento, mas ele estudou com Petri. E toca tão bem Chopin como Pierre Boulez.

O cultuado Glenn Gould destrói toda a majestosa beleza rítmica que tem sete notas no tempo de quatro, na "Introduzione Alla Toccata da Partita n. 5" de Bach, fazendo um *rallentando* ridículo em cada uma das empolgantes quiálteras. Mas Gould é perfeito nas Sonatas de Paul Hindemith.

Natural que Maria João Pires ainda não tenha tido tempo de conhecer, por exemplo, as *Cartas Celestes* do grande Almeida Prado. Como também não deve conhecer, da sua própria terra, Jorge Peixinho ou Emmanuel Nunes, este um protegido do exigentíssimo Boulez. Trata-se de uma música para poucos – só para os raros, diria o Lobo da Estepe. Fora dos circuitos da música de concerto tradicional. Terrível e misteriosa, como toda beleza original, inaudita.

Maria João me empolga com sua interpretação do *Carnaval em Viena*, de Schumann, um compositor que tece fios desiguais, tramando uma textura de contratempos entre as vozes, *à la* Bach. Ela destrincha com impressionante nitidez todo esse apaixonante emaranhado harmônico-contrapontual. Me arrepia o arrebatamento com que toca o "Intermezzo Mit Groesster Energie" desse carnaval vienense, cujo tema inicial – afinidades eletivas – é o mesmo do famoso tango que Rita Hayworth canta no filme *Gilda*, a inesquecível mulher.

Ao Mestre Willy, Com Carinho[1]

Já faz algum tempo que o compositor Willy Corrêa de Oliveira vem construindo a imagem do compositor que não quer sua música tocada pelas orquestras consagradas, fica incomodado ao ver seu nome em programas, partituras editadas. Mas dessa vez ele se descuidou. E muito. Deixou ser gravado um primoroso CD duplo com sua música para piano e canções. Lembrei-me dessa gravação porque estava pensando, como acontece às vezes no fim de um ano, nas melhores músicas que ouvi. O assunto tradicional para uma crônica, nestes dias. Verdade que esse disco já tem uns dois ou mais anos, mas somente pude ouvi-lo recentemente, emprestado pela minha amiga Márcia Costa, excelente jornalista pesquisadora que conseguiu entrevistar o Willy. É difícil obter seus trabalhos, parece que ele precisa autorizar.

Há todo um mistério nessa dificuldade, que valoriza bastante esse objeto do desejo que acaba se tornando sua música. Mas sejamos justos, trata-se de uma música realmente magnífica, de pura invenção e, queira ele ou não queira, estranhamente de vanguarda. Willy acabou permanecendo como talvez nosso último real compositor de

1 *O Estado de S.Paulo*, 21 jan. 2012.

vanguarda, apesar de seu dramático rompimento com a vanguarda no passado. Ouçam, no CD, seu impressionante "Miserere!" Willy se tornou um caso à parte, em nossa música, como é Giacinto Scelsi na Itália, György Kurtág na Hungria.

Como era de se esperar, ninguém se atreveu a comentar (não saberiam o que dizer, na verdade!) esse disco, que foi, sem a menor dúvida, o melhor dos últimos anos, não apenas deste ano, na área da música brasileira. Realmente marcante, significativo, acima de tudo inteligente, fora da mesmice habitual.

Impressionante, admirável o elã de devoção ao mestre querido e cultuado, com o maior carinho, da parte de um grupo de estudantes que foram alunos do Willy no Departamento de Música da ECA-USP. Eles idealizaram o projeto, foram atrás do dinheiro (Petrobras), estudaram profundamente e interpretaram sua obra com rara dignidade, autenticidade e percepção musical. Não me lembro de outro acontecimento musical com igual sentido humano e artístico. Chega a ser comovente!

Não deveríamos destacar nenhum nome, todos eles magníficos, altamente profissionais, missionários apaixonados por uma causa: mostrar, em toda a sua pureza, a singular qualidade, a personalíssima música de um mestre, o seu Mestre! Mas acabo não resistindo e não quero deixar de nomear um por um: Bruno Monteiro, Caroline De Comi, Fernando Tomimura, Isabel Kanji, Lilian Tonella, Mauricio De Bonis e, surpreendentemente, Caio Pagano, o grande pianista brasileiro, agora vivendo nos Estados Unidos, professor na Universidade do Arizona, que fez questão de participar da homenagem ao seu velho colega uspiano.

Somente gostaria de falar um pouco mais da cantora Caroline De Comi e do pianista Mauricio De Bonis, soberbos na elegância com que interpretaram lindamente as canções, que me transportaram, não sei por que, para um tempo em que o jovem Willy frequentava minha casa, em Santos, e ouvíamos juntos meus LPs, nos sábados à tarde. A Suzanne Bloch cantando música da Renascença, a contralto Jantina Noorman cantando Machaut, Gérard Sousay cantando Fauré, mais os esplêndidos Hugues Cuénod e Jennie Tourel cantando Stravínski, sob direção do próprio compositor. Músicas que me marcaram, e também sei que marcaram o Willy, sobretudo as canções de Schumann e Schubert pela Lotte Lehman, talvez nossa paixão maior. Coisa que a gente sente em meio à sedutora mobilidade timbrística e harmônica da música de Willy, envolvendo aquelas suas citações schubertianas e schumanianas, que se diluem, se transfiguram tão bem em sua própria música.

Im wunderschoner Monat Mai! (No maravilhoso mês de maio!)

Não é brincadeira citar essa frase de abertura do extraordinário *Os Amores de Um Poeta*, de Schumann, texto de Heine, e saber continuar o fluir melódico no mesmo nível de qualidade da citação. E, não posso também deixar de confessar, que delícia é a voz da jovem Caroline De Comi!

Memórias Afetivas. E Musicais[1]

Férias, festivais de inverno. Semana passada encontrei o maestro Roberto Martins no restaurante Almeida, aqui em Santos, degustando tranquilamente espetos de meca, deliciosa especialidade da casa. Roberto é um velho companheiro de lutas artísticas, um dos melhores regentes de corais que conheço.

Sentei-me a seu lado, para beliscar algumas sobras, e a conversa de repente se encaminhou para a recordação dos músicos notáveis que ali sentaram com a gente, depois de seus concertos no Festival Música Nova. Pena que os proprietários do restaurante nunca tiveram a ideia de fotografá-los. As fotos poderiam decorar as paredes. Lembro-me de Caruso, Gigli, na pizzaria Castelões, no Braz, Orson Welles em Los Caracoles, no Bairro Gótico de Barcelona, o nosso grande Pelé em Nova York, num restaurante embaixo do City Corps. Veio logo à minha lembrança, no Almeida, Frederic Rzewski com a cabeça no meu ombro, aquela figura mitológica da música de nosso tempo juntinho da gente, na maior intimidade. Tenho uma foto, mas está em meu álbum de recordações, não nas paredes do Almeida.

---

1 *O Estado de S.Paulo*, 24 jul. 2010.

Rzewski compôs famosas variações em torno de "O Povo Unido Jamais Será Vencido", canção de luta do chileno Sergio Ortega, mundialmente cantada pelas massas revolucionárias. Variações já comparadas, por alguns musicólogos, às *Variações Goldberg*, de Bach, e às *Variações Sobre um Tema de Diabelli*, de Beethoven.

Outra noite, quem está lá no Almeida, jantando com a gente? Aquele considerado o maior crítico europeu de música contemporânea, Philippe Albèra, acompanhando o Ensemble Contrechamps, que ele fundou. A lista no Almeida ia ser muito longa, e passamos a relembrar outros lugares. O histórico Duo Kontarsky – porta-voz de Pierre Boulez e Stockhausen – jantando com a gente no Conservatório Lavignac de Santos, após seu concerto. Um excepcional jantar feito por damas da sociedade santista que cantavam em nosso Madrigal Ars Viva. Os dois pianistas lambiam os beiços, extasiados. Anos depois os encontrei num festival europeu e eles, em conversa, relembraram esse realmente memorável jantar.

Não posso esquecer, agora em outros países, uma noite no Festival de Patras, na Grécia. O concerto era ao ar livre, atrás de uma muralha baixa de um velho castelo em ruínas, e de repente começa a chover pedras em cima da gente, jogadas pelos moradores em torno da muralha. A música erudita de nosso tempo recebida a pedradas, já pensaram? Outro dia, depois de impressionante briga com os músicos que ensaiavam minha música, o regente virou-se para mim abrindo fraternal sorriso e me beijou no rosto. Os gregos são assim!

Em Graz, Áustria, no Festival da Sociedade Internacional de Música Contemporânea, tocaram meu trabalho com o maior descaso. O organizador do evento deu violentíssima bronca nos intérpretes e ainda me criticou por não lhes ter dado uns bofetões. Que é isso, companheiro! Mas tem os momentos inesquecíveis. Pierre Boulez indo ao nosso quarto para conversar comigo, com Willy e Rogério Duprat, meros participantes, em 1962, dos ferienkurse de Darmstadt. Não merecíamos ainda aquela deferência. Dias depois Boulez regeria, na mesma noite, *Le Marteau sans Maître* de sua autoria, *Pierrot Lunaire* de Schoenberg, e as *Dansas Sagradas e Profanas* de Debussy. Deslumbrante.

Havia uma grande intimidade entre alunos e professores, reunidos num mesmo prédio onde todo mundo dormia, comia e tinha as aulas. Cruzávamos pelos corredores, refeitórios, até nos toaletes com figuras como Henri Pousseur, György Ligeti, Bruno Maderna. Acompanhamos de perto, dia a dia, um tórrido *love affair* de Stockhausen com uma verdadeira Walkiria, principalmente o drama quando sua mulher chegou.

Ah, as estudantes fatais! Lembro-me do compositor norte-americano Gunther Schüller – mestre da fusion jazz-*neue Musik* – no Festival de Campos do Jordão, numa mesa ao lado da minha, na sala de jantar do hotel onde estávamos hospedados. Apresentei-me como compositor brasileiro e pedi um autógrafo em seu excelente livro *O Velho Jazz*. Ele me deu, mas quase sem me olhar, embevecido que estava por três belas estudantes em sua companhia. Absolutamente desinteressado em minha pessoa. Está certo, querido Gunther, eu compreendo, te perdoo.

Bach, de Volta Para o Futuro[1]

Outro dia fui ver esse filme singular e forte que é *Shame*, e me impressionou aquela cena em que Michael Fassbender faz o seu exercício habitual de correr à noite pelas ruas de Nova York ao som da música para piano de Bach, que o artista plástico Steve McQueen, agora como diretor dessa fascinante obra cinematográfica, colocou como fundo musical. Ainda ouvida em outros momentos, a música de Bach dá ao filme – cuja temática é difícil de ser abordada – uma elegância, uma seriedade invulgar.

O fato é que a música de Bach dá certo com tudo. Porém, o que mais nos espanta é sua incrível, perene modernidade. Funciona como autêntica música de hoje, mais audaciosa, mais nova do que muita pretensa música de vanguarda que se ouve por aí, algo requentado, *déjà écouté*, sempre a mesma coisa desde os anos de 1960. Enquanto a música de Bach, em *Shame*, parece ter sido composta agora para o filme, por um compositor que vive a música de hoje, de todo dia, todo momento – aquela que Cocteau recomendava a *les six*.

---

1 *O Estado de S.Paulo*, 12 maio 2012.

O barroco apreciado em seu tempo era mais o das *Quatro Estações*, de Vivaldi, mais leve, esboçando a melodia acompanhada do período clássico seguinte. Nada de inversões da melodia, retrógrados e outros joguinhos estruturais tão ao gosto de Bach, que estava mais voltado para o passado. Porém, espantosamente, já construindo o futuro contraponto de nosso tempo.

Ainda mais antiga e esquecida era a música rigorosamente contrapontual flamenga, que ele cultuava, mas estava em total abandono. Razão por que Bach foi, em seu tempo, famoso como organista e cravista, mas não como compositor. Estava fora de moda.

Contudo, a partir de um velho contraponto em desuso, inventava o contraponto moderno, de nosso tempo, que vamos encontrar já inteiramente definido nas *Variações Goldberg*, no *Cravo Bem Temperado*, na *Oferenda Musical* dedicada a Frederico, o Grande. Realmente um compositor que esteve de volta para o futuro, como se diz por aí.

Tão longinquamente vamos encontrar no contraponto bachiano um cruzamento de vozes que sugere a politonalidade moderna, tamanha sua complexidade. E sobretudo nos prelúdios do *Cravo Bem Temperado*, Bach esboça harmonia moderna do romantismo de Chopin e Liszt. Aquela gostosura dos acordes de sétimas, nonas, que o romantismo vai criar, já está presente na música de Bach, ainda como resultado das audazes combinações contrapontuais, das durezas como que expressionistas das falsas relações entre as vozes, tão ao gosto do barroco inicial, que ele curtia.

Suas deliciosas progressões, principalmente de sétimas diminuídas, mais o processo de desenvolvimento por repetição encantatória dos motivos musicais, esboçam o minimalismo de nossos dias. Admirável seu poder de comunicação, de arrastar o ouvinte emocionalmente, como a música popular faz hoje com grandes audiências, pela simples força de sua beleza, da emoção estética que ela produz no ouvinte. Coisa que a música erudita de hoje perdeu completamente.

Tanto que têm sido feitas aproximações entre Bach e o jazz, principalmente. Foi muito badalada, tempos atrás, a popularização de sua música feita pelo grupo vocal francês Les Swingle Singers, que

Luciano Berio chegou a usar na gravação de sua famosa *Sinfonia*. É difícil fazer o mesmo com um outro compositor erudito. A música de Bach se abre a possibilidades até quase ser transformada em outra música, ser "arranjada" com outros instrumentos, como fazem alguns grupos instrumentais para balé moderno.

A música de Bach dignifica, eleva o ouvinte, como dignificou o filme *Shame*, que sem sua música não seria o mesmo. E se você não acredita em Deus, periga ficar tocado ao ouvir "Jesus Alegria dos Homens" em sua versão original, completa, para grupo instrumental e vozes, último coral da "Cantata BWV 147", *Herz und Mund und Taten und Leben* (livremente traduzido, coração e voz divina conduzindo nossas ações e nossa vida).

Bach ilustra bem aquela notável sacada de Jean-Luc Godard: o artista não tem direitos, tem obrigações. Sua obrigação era somente com Deus, a quem dedicou toda sua música.

Os Gregos Eram Assim[1]

A música popular vai bem de nome. Sempre música popular. Mas a outra, como é mesmo o seu nome? O maestro Júlio Medaglia, com sua verve muito especial, gosta de chamá-la de música impopular. Está certo, não deixa de ser verdade. Os americanos (do norte!) chamam de *serious music*. E o nosso grande Mário de Andrade (de novo, sempre ele) preferiu batizá-la de música erudita, nome sem dúvida muito douto. Mas não vamos discutir com ele, um homem que sabia das coisas.

Recentemente um excelente pequeno livro do violonista Sidney Molina assume, no título, um velho nome, na verdade, o mais legal de todos, que é *Música Clássica Brasileira Hoje*. À maneira da língua inglesa, mas dos ingleses de Oxford: *classical music*.

Valho-me agora do próprio Mário de Andrade para defender esse nome para a música não popular. Em sua preciosa *Pequena História da Música*, Mário explica: clássico é tudo aquilo que se estuda nas classes. Ora, nada é mais estudado nas classes do que a chamada música não popular.

1 *O Estado de S.Paulo*, 26 jun. 2010.

Mas, pensando bem, o contraditório Mário não deixou de ter certa razão para chamar a música não popular de música erudita. Entre as artes, é sem dúvida a mais erudita. Afinal, na antiguidade greco-romana caracteristicamente muito elitista, ela era uma das disciplinas do Quadrivium, junto com a aritmética, a geometria e a astronomia. Algo já, naquele tempo, equivalente a um *penser la musique aujourd'hui*, do Pierre Boulez, urdido nas mais elevadas esferas do pensamento. Mas foi assim possível a sistematização, pelos gregos, das alturas musicais, tons, semitons, modos, toda uma acústica, uma física da música. Nada tão fruto de uma sofisticada cultura, todo esse primeiro lance na estruturação de uma tradição cultural, trabalho que parte sempre de uma alta classe intelectual. Nada tão erudito, tão heleno, tão belo, a música no cimo de toda essa complexa especulação ligada a um pensamento tão científico! Música clássica, *You're the top*!

Ainda entre os greco-romanos podemos encontrar um Boécio nos explicando que o homem é feito conforme a medida do universo e extrai prazer de toda manifestação de tal semelhança, o que vamos constatar na criação científica, artística. Está todo aí o tão discutido significado da arte. É o prazer puro da construção, dentro de certos princípios do Cosmos.

Santo Agostinho e Boécio definiram, em tratados, uma teoria para a música. Mas Boécio considerava Pitágoras o inventor da música. O mesmo, o grande Pitágoras da música das esferas, a quem séculos depois Newton retornaria para provar a harmonia celeste da gravitação universal. Para todo esse intelectualíssimo Olimpo de experimentalistas, música é número para ser ouvido. O número rege o universo, essa grande abstração matemática. Nós somos números, proclamavam os gregos. Barra pesada, pra valer. Mas...

"Os gregos eram assim." Não sei por que me vem à lembrança esse título de uma popular comédia cinematográfica dos anos de 1930, com Eddie Cantor. E o grande Godard, recentemente, dizendo que o mundo todo precisaria pagar royalties aos gregos, a quem devemos a filosofia, o teatro, a democracia. E a música, acrescento eu, mais a emoção de poder subir a colina que nos leva ao Partenon, ver lá embaixo o palco onde foram estreadas as peças de Sófocles! Coisa que pude sentir ao participar do primeiro Festival de Patras, quando me encomendaram, para o festival seguinte, uma obra inspirada em algum mito europeu. Escolhi um mito deles mesmo: Ulysses.

E não podia deixar de ir a Delfos, onde Apolo apareceu ao povo grego: Apolo, o "Príncipe do número sete", aquele que abarca todas as sinfonias. Como o Sol, rei da harmonia dos sete sons, afinando as cordas dos instrumentos com a música celeste do universo. Em Delfos ainda podemos ver o mais velho documento musical grego, o Hino a Apolo, inscrito numa pedra. O guarda do museu foi logo prevenindo que não eram permitidas fotos. Tarde demais. Minha mulher já tinha me fotografado junto à inscrição. Eu não ia ficar sem uma foto ao lado do hino com o qual, um pouco modificado, abro meu Ulysses em Copacabana, surfando com James Joyce e Dorothy Lamour. Depois de um café em Trieste.

Morte ou Transfiguração[1]

Que comentário mais estapafúrdio, comparar o trabalho da Camerata Aberta, sem dúvida magnífico, com o trabalho do Festival Música Nova, conforme fez o jovem compositor Leonardo Martinelli em entrevista para a prestigiosa revista *Concerto*. Um festival é um festival é um festival, diria a poeta Gertrude Stein. Martinelli fala da desorganização recente, que o festival está perdendo terreno e prestígio, o que não deixa de ser verdade. Acontece, porém, nas melhores famílias!

O Festival já acabou e renasceu duas vezes, e da última foi salvo pelo professor Lorenzo Mammi, via Centro Maria Antonia. A crise atual é séria, parece definitiva, mortal. Pena que à beira de seus cinquenta anos de vida. Já era tempo do Festival ter sido encampado por alguma instituição governamental ou coisa parecida.

Contudo, é impressionante que, nesse seu fim de vida, e com todas essas dificuldades, tenha podido apresentar, nos dois últimos anos, algo tão extraordinário como *Machinations*, de George Aperghis, e ainda por cima encenado pelo mitológico Ircam, ou seja, o

[1] *O Estado de S.Paulo*, 5 fev. 2011.

próprio grupo que abalou os meios musicais franceses com a execução dessa insólita maquinação musical, que foi realmente algo de muitíssimo novo na frente ocidental da música de vanguarda desses últimos tempos. Tivemos também o lançamento de um CD de autor brasileiro, pelo Ensemble Música Nova dirigido por Jack Fortner, o Quarteto Arditti, música eletrônica em tempo real no *workshop* de Russell Pinkston na USP, as intrigantes ondas cerebrais de Alvin Lucier, os deliciosos, eletrizantes instrumentistas do L'Instant Donné, do Ensemble 2e2m e do Les Percussions de Strasbourg.

E ainda o mais badalado grupo nova-iorquino, que é o Ensemble Continuum, com seu celebrado diretor Joel Sachs, que também dirige o departamento de música contemporânea da Juilliard School e programa o famoso Summer Garden do Moma. E já pensaram o que seria uma entrevista com ele e com o pessoal do Ircam? Os dois polos da música nova aqui presentes, Paris e Nova York, que prato mais cheio para as mais acaloradas discussões sobre os contraditórios destinos da música erudita hoje! Mas onde estavam nossos intelectuais, os colaboradores de revistas de arte, de música? Eles nunca ouviram falar nessas coisas, nessa gente? Verdade, mesmo, que só conhecem Caetano e Chico Buarque? Onde estava a TV Cultura, seu provinciano Metrópolis? Uma TV cultural que já deixou de cobrir a maior mostra de música brasileira erudita no exterior, sete memoráveis concertos no Carnegie Hall de Nova York, tendo Lucas Mendes como seu repórter nessa cidade!!! Vinte compositores nossos foram convidados e recepcionados por uma comissão formada por nomes como Philip Glass, David Lang, John Adams, Charles Wuorinen.

Joel Sachs leva de nosso festival para Nova York uma obra brasileira que gostou muito, mais a jovem pianista Beatriz Alessio, que o impressionou vivamente, para completar seu doutorado na Juilliard School. Onde estavam nossos comentaristas, nossos críticos musicais, foi preciso alguém de fora para descobrir novos talentos brasileiros? Até que Leonardo Martinelli merece cumprimentos. Falou mal, mas falou do Festival, o único em todo o elenco de entrevistados pela revista *Concerto*.

Um Festival que fundei em Santos (1962) e dois anos depois já apresentava o lendário Duo Kontarsky, porta-voz inicial da música de Pierre Boulez e Stockhausen, que nos fora oferecido de graça pelo meu amigo Koellreutter, através do Instituto Goethe. Impossível falar de tantos nomes ilustres do exterior que em seguida foram apresentados, mas vale lembrar, pelo menos, de um Frederic Rzewski, um Jorge Peixinho, Wilhelm Zobl, de um Lejaren Hiller. E de excelentes grupos, como o Kunstarbeiders Gezelschap, com o compositor alemão Dieter Schnebel, o Accroche Note, Ensemble Aleph, Antidogma de Turim, L'Itinéraire, e o famoso Ensemble Contrechamps, que veio com seu fundador, o renomado, respeitadíssimo crítico musical suíço Philippe Albèra. Depois dos concertos, confraternizávamos com toda essa gente no restaurante Almeida, ali pertinho de nosso Teatro Municipal, quando a conversa então ficava boa demais, regada a bom vinho, bife acebolado e caldo verde.

Os bons tempos que não esqueceremos. Jamais!

Três Obras de Gilberto Mendes

Complementando o percurso crítico-criativo de Gilberto Mendes, apresentamos a íntegra de três composições musicais de períodos e características bem diferenciadas. São elas:

Cavalo Azul para conjunto de câmera foi composta em 1961, escrita segundo a técnica dodecafônica, recebeu recentemente texto do poeta e escritor Flávio Viegas Amoreira, parceiro de Gilberto Mendes em outras criações.

Sinfonia de Navios Andantes, de 2009, foi uma encomenda do Festival de Inverno de Campos do Jordão, estreada naquele Festival. Gilberto Mendes comenta que:

A música é baseada no poema "Sinfonia de Navios Andantes", do escritor santista Flávio Viegas Amoreira, meu grande amigo. Tem, naturalmente, o mesmo título do poema, que é um protesto contra algumas pessoas aqui em Santos que andaram reclamando do apito dos navios, vê se é possível ! Mas não é uma sinfonia, é para grupo instrumental: flauta, clarineta, fagote, trompa, piano, marimba, 2 violinos, viola, celo, contrabaixo e bongos, todo o instrumental que puseram à minha disposição. Ótimos músicos entre os intérpretes, como o Tarcha, Montanha, Paulo Álvares. O regente será o francês Guillaume Bourgogne, que é do Conservatório de Paris. Estou meio preocupado porque esse Conservatório é muito bouleziano e minha música não tem nada do Boulez, tem até um pouquinho do Stockhausen dos velhos tempos. No mais, é bem na minha linha estritamente americana, que contrasta momentos estruturais com um sopro pop meio bossa nova.

Uma Foz uma Fala foi composta em 1994, sobre o poema de Augusto de Campos, para conjunto instrumental, soprano e coro num moto contínuo musical que tenta decifrar a sequência telegráfica de palavras.

Sinfonia de Navios Andantes

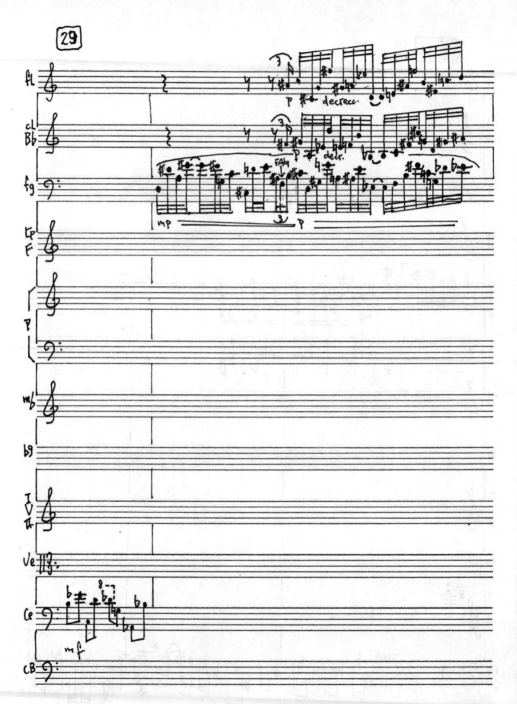

Cavalo Azul

O Cavalo Azul
Flávio Viegas Amoreira

Não canso negar meus laços
para esse feroz precipício
de pentimento a vil poeira
no que dores e sorrisos
sinto arder peito aflito
antecipo o raiar nas vagas
tenho o rumor da sorte,
a vós da rebentação
- aviso o temor insano
jaz a pomba na oliveira
que transida pobre suspira-me
em silvos de emoção
perpassa os planos infindos
do excelso universo
e, por vales e veredas,
o canto se dissolve.

Soam naves de auroras
caem maléficos estigmas.
Já pronta as manhãs
qual valor além da redenção?
Evola o voo de pegasus
sobre a noite e diante madrugada
aliviando almas amordaçadas
longe vai o cavalo azul
alada sua libertação

a nau sob sol arfante
soam naves de auroras
que delírios de ranger e pranto
clamam anjos de encantos
quando serena alma 'a morte
quem ainda ao mundo tem apego?
Mesma sepultura dor e egoísmo
vai o candido amor sem castigo
liberto o espelho de narcisos
e o amor liberto dos amargurados
lirios, espelhos e nascentes
para o eterno são chamados
não cante dor, os poemas
cessem pressentimentos
floradas polinizam vento
acaso e razão beijam.

Onde, quando, pelo tempo
dores, prantos, rastros, só
onde a sorte? Porque a sina?
Nem as nuvens do horizonte
restam algum do céu tão cinza

ó enormes crinas sem halo
libertas da dor e travo
nunca mais sombra nua só oceano vasto.

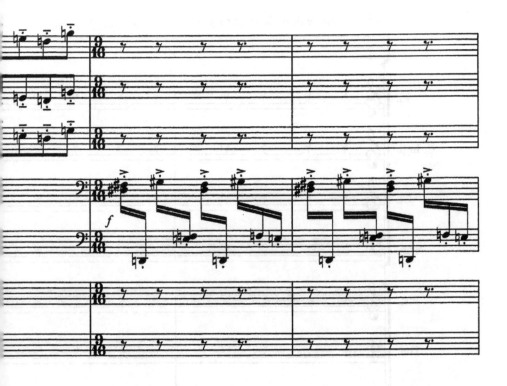

soam naves de auroras

ritenuto

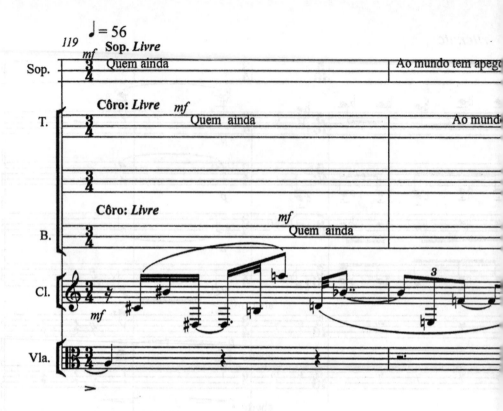

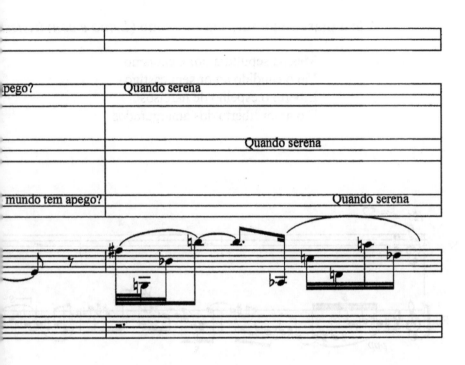
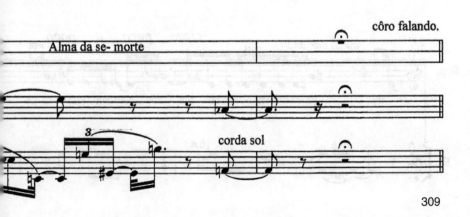

Côro masculino solo em unissono (*Lento e com tristes*

Mesma sepultura dor e egoísmo
Vai o candido amor sem castigo
Liberto o espelho de narcisos
E o amor liberto dos amargurados

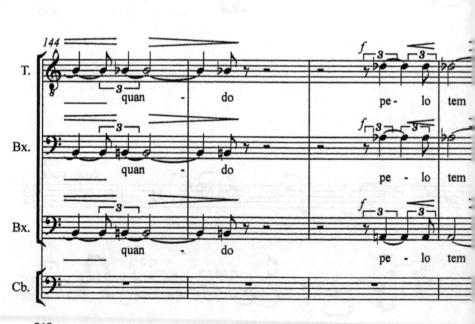

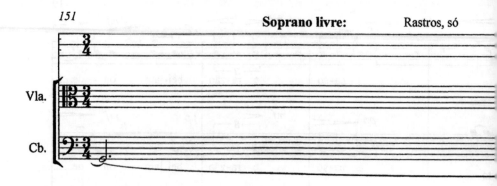

**Em cima do ostinato do piano
Côro masculino em uníssono:**

Ó enormas crinas sem halo
Libertas da dor e travo
Nunca mais sombra nua
Só oceano vasto.

Ó enormas crinas sem halo
Libertas da dor e travo
Nunca mais sombra nua
Só oceano vasto.

pausa longa

Soprano solo: (repetir três vezes. *Cada vez mais piano*

Não canso negar meus laços
Soam naves de auroras
longe vai o cavalo azul.

petindo, perdendosi, mesmo apos o soprano

Uma Foz, uma Fala

perdendosi

Gilberto Mendes Por Ele Mesmo

o compositor Gilberto Mendes por extenso Gilberto Ambrósio Garcia Mendes doravante designado GM nasceu na cidade de Santos estado de S.Paulo Brasil em 13 de outubro de 1922 ano da Semana de Arte Moderna fundação do Partido Comunista Brasileiro e lançamento do livro Ulysses de James Joyce em sua casa à avenida Conselheiro Nébias 809 quase ao lado do lendário Miramar um popular centro de diversões onde não há inverno nem verão eterna primavera venha hoje à noite ainda mesmo que chova estava escrito no muro que o circundava parto realizado pelo pai médico dr. Odorico Mendes paulista de Jundiaí de origem portuguesa com misterioso avô alemão talvez judeu a mãe Ana Garcia matogrossense de origem espanhola misturada com índios do sul de Mato Grosso professora primária formada pela famosa Escola Normal da Praça da República onde Macunaíma ia esperar a saída das normalistas chegou a ser miss Ribeirão Preto pela sua beleza os dois namoraram noivaram nessa cidade casaram em S.Paulo passaram um bom tempo na Europa em plena belle époque ao todo cinco filhos Maria Odette Paracelso dois deles colegas de GM na Universidade de S.Paulo dr. Erasmo Garcia

Mendes professor emérito fisiólogo e dra. Miriam Garcia Mendes professora na Escola de Comunicações e Artes aos cinco anos GM perde o pai a mãe viúva o leva criança a cinemas e concertos em plena era dos rádios quando nasce seu gosto pela música e pelos filmes de adultos curso primário no Grupo Escolar Dr. Cesário Bastos em Santos Ginásio José Bonifácio onde foi colega de classe de Cacilda Becker aos dezenove anos incentivado pelo seu então cunhado Miroel Silveira troca as arcadas da Faculdade de Direito de S.Paulo pelo Conservatório Musical de sua cidade onde estuda harmonia com Savino de Benedictis e piano com a mitológica Antonietta Rudge casa em primeiras núpcias com Sylvia Maria de Moura Ribeiro com quem teve os filhos Antonio José Odorico e Carlos o primeiro com dons para a pintura e publicidade os outros dois cineastas a segunda esposa Eliane Ghigonetto grande musa inspiradora pintou diversos quadros que figuram em capas de seus discos e partituras e escreveu a história infantil Uma Olimpíada na Mata Atlântica que inspirou sua obra sinfônica Alegres Trópicos GM é antes de tudo professor doutor aposentado da ECA-USP autor de dois livros Uma Odisseia Musical e Viver Sua Música publicados pela Edusp este último finalista do Prêmio Jabuti vem escrevendo pequena novela uma love story sobre um outro compositor que poderia ter sido prêmios Carlos Gomes e Sergio Mota hors concours Bolsa Vitae diversos APCT Comenda do Mérito Cultural do Ministério da Cultura das mãos do presidente Lula e Gilberto Gil membro honorário da Academia Brasileira de Música cidadão emérito de sua cidade natal no exterior deu aulas como University Artist em The University of Wisconsin--Milwaukee 1978/1979 e em The University of Texas at Austin 1983 nesta última como Tinker Visiting Professor uma das mais altas distinções universitárias norte-americanas anteriormente já concedida a figuras como o argentino Jorge Luis Borges e o brasileiro Haroldo de Campos / ligado ao partidão GM nos anos de 1950 organizava as atividades musicais do Clube de Arte de Santos uma frente de massa do PCB ampliação do antigo Clube de Gravura por essa época preocupado com a pesquisa de uma linguagem musical brasileira como queria Mário de Andrade faz amizade com a lendária Pagu que o incentiva em suas críticas no jornal *A Tribuna* chega a dançar com ela num jantar dançante no Monte Serrat de Santos acontecimento hoje comentado por ser ele um mestre em dança de salão e ela a figura mitológica que foi posteriormente volta-se para uma linguagem nova de vanguarda com Olivier Toni se liga via Rogério Duprat aos poetas concretos Augusto Haroldo de Campos Décio Pignatari e integra a delegação brasileira que vai ao Festival da Juventude em Viena 1959 viajando por todo o leste europeu via Smolensky e Kiev as duas principais frentes de combate da Grande Guerra Pátria dos russos contra o nazismo uma guerra que ele costuma dizer que fez à sua maneira emocionalmente acompanhando dia a dia as batalhas pelo rádio sobretudo o dia do desembarque aliado na Normandia o mais emocionante de sua vida que ele ouviu inteiro a partir das 4 horas da madrugada junto com toda a rua em que morava totalmente acordada apesar do blecaute santista obrigatório indescritível a comoção geral / cria o Festival Música Nova em 1962 frequenta os Ferienkurse fuer Neue Musik de Darmstadt Alemanha classes de Boulez Stockhausen Pousseur assina o Manifesto Música Nova em 1963 tudo isso embora sendo um simples bancário que compôs nas horas vagas como gosta de se definir já que trabalhou no Banco Financial Novo Mundo e Caixa Econômica Federal tema de tese de doutorado primeira no Brasil na moderna linha crítica genética a respeito de sua dupla vida feita por Rosemara Staub na PUC-SP outras teses a seu respeito principalmente na USP e também na Universidade de Indiana Estados Unidos / sua extensa obra musical quase toda gravada editada tocada em salas famosas como Carnegie Hall Lincoln Center Juilliard School Moma de Nova York Konzerthaus de Viena Sala de Música de Câmara da Orquestra Filarmônica de São Petersburgo Sala São Paulo e outras salas de Paris Madri Turim Berlim Amsterdã Haarlen Gent Bruxelas Moscou Patras Xangai Pequim Malásia Hiroshima além de características cidades como Ljubljana Herzlya Sarajevo Colombo Madras incluindo Bethlem onde nasceu Jesus uma obra composta para todas as formas musicais e combinações instrumentais entre as quais se destacam para piano solo Vento Noroeste Estudo Magno Viva Vila Sonatina Mozartiana Sonata Prelúdios

Canções e para grupos instrumentais Música para doze instrumentos Rotationis Cavalo Azul Saudades do Parque Balneário Hotel Longhorn Trio Ulysses em Copacabana Surfando com James Joyce e Dorothy Lamour Qualquer Música O Pente de Istambul Uma Foz Uma Fala O meu amigo Koellreutter Rímski e para orquestra sinfônica Santos Football Music estreada no Outono de Varsóvia por Eleazar de Carvalho e editada pela Sistrum de Brasília Concerto para piano e orquestra encomendada para os festejos dos 75 anos do Teatro Municipal de S.Paulo estreada pelo pianista Caio Pagano e editada pela Universidade Federal de Curitiba Alegres Trópicos Um Baile na Mata Atlântica encomendada tocada e editada pela Osesp que ainda editou a Abertura da Ópera Issa Um Quadro de Gastão Frazão Rastro Harmônico Ulysses em Copacabana Rímski e as últimas obras para pequeno grupo instrumental Sinfonia dos Navios Andantes encomenda do Festival de Campos do Jordão que o homenageou em 2008 e Os Meninos da Vila dedicada ao jovem futebol santista encomenda da Funarte para a Bienal de Música Contemporânea Brasileira do Rio de Janeiro em 2011 mais as importantes obras experimentais blirium c9 nascemorre texto Haroldo de Campos asthmatour texto de seu filho Antonio José Escorbuto texto Flávio Amoreira The Party Der Kuss Poema de Ronaldo Azeredo Grafito Opera Aberta para cantora e halterofilista Musique Portable para celulares e vozes Gilberto Mendes *par lui même* a música incidental para teatro de O Escurial de Ghelderode Homens de Papel de Plínio Marcos direção Jairo Arco e Flecha O Apocalipse de Carlos Murtinho e Gilberto Mendes direção Murtinho Ato sem Perdão de Millôr Fernandes direção José Renato Como Somos Cromossomos de Cley Gama de Carvalho para o Teatro de Arena de S.Paulo direção do autor e a música de cinema composta para O Dono do Mar filme de seu filho Odorico e para A Odisseia Musical de Gilberto Mendes documentário cinematográfico feito pelo seu outro filho Carlos / dos principais livros que tratam de sua obra destaque para Gilberto Mendes Vanguarda e Utopia nos Mares do Sul de Teresinha Prada Editora Terceira Margem A Unique Brazilian Composer de Marcio Bezerra Alain Van Kerckhoven Editeur Bélgica O Antropofagismo na Obra

Pianística de Gilberto Mendes de Antonio Eduardo Santos Anna-blume Editora No Calor da Hora de João Marcos Coelho Algol Editora O Brasil dos Gilbertos organizado por Heloisa Valente e Ricardo Santhiago Editora Letra e Voz / grande viajante é notória sua paixão pelas cidades de Berlim Honolulu Nova York Los Angeles Istambul Viena Londres Utrecht Paris Nice Marrakesh Granada Milão Siena Roma S.Petersburgo Buenos Aires Montevidéu Cairo Cidade do México São Paulo e Santos a maior gosta de se sentir com o oceano Atlântico à sua frente e a Serra do Mar por detrás como em Nice entre o Mediterrâneo e os Alpes Marítimos e Los Angeles entre o Pacífico e as Montanhas Rochosas Santos ligada a S.Paulo pela velha São Paulo Railway como Brighton a Londres comparou Rudyard Kipling Santos cidade tão Conrad tão Somerset Maughan é como a ama o compositor GM com a imaginação perdida entre agências de navegação fornecedoras de navios cais noturnos que olhos os teus um certo Parque Balneário Hotel horizontes marítimos praias distantes com belas e voluptuosas nativas dançando a hula hula ao som de guitarras havaianas ukeleles e o vento noroeste ...

Este livro foi impresso
em São Paulo, nas oficinas
da MarkPress Brasil,
em junho de 2013,
para a Editora Perspectiva